Joan Fuster Aphorismen

# CATALAN STUDIES
# IN CULTURE AND LINGUISTICS

Edited by
Antonio Cortijo Ocaña

**VOLUME 8**

**PETER LANG**

Berlin - Bruxelles - Chennai - Lausanne - New York - Oxford

Joan Fuster

# Aphorismen

Aus dem Katalanischen von Àxel Sanjosé.
Mit einer Einführung von Vicent Salvador

Berlin · Bruxelles · Chennai · Lausanne · New York · Oxford

**Bibliografische Information der Deutschen Nationalbibliothek**
Die Deutsche Nationalbibliothek verzeichnet diese Publikation
in der Deutschen Nationalbibliografie; detaillierte bibliografische
Daten sind im Internet über http://dnb.d-nb.de abrufbar.

Original-Ausgaben:
Joan Fuster: Judicis finals. Ciutat de Mallorca: Moll, 1960.
Joan Fuster: Consells, proverbis i insolències. Barcelona: A.C., 1968.
Joan Fuster: Aforismes. Edició d'Isidre Crespo. Alzira: Bromera, 2000.
© Übersetzung: Àxel Sanjosé
© Vorwort: Vicent Salvador
Die Edition und Übersetzung dieses Werks wurde ermöglicht durch die freundliche
Unterstützung des Institut Ramon Llull.
Die literatur-, kultur- und sprachwissenschaftliche Studie entstand im Rahmen des Institut
Superior d'Investigació Cooperativa IVITRA [ISIC-IVITRA] (Programa per
a la Constitució i Acreditació d'Instituts Superiors d'Investigació Cooperativa
d'Excel·lència de la Generalitat Valenciana, Ref. ISIC/012/042), am Institut
für katalanische Philologie der Universitat d'Alacant [UA] und zugleich
auch in Zusammenarbeit mit den folgenden Forschungsprojekten und
Institutionen:MICINUN, Ref. PID2021-128381NB-I00; Institució Alfons el
Magnànim; Observatori multilingüe de la variació lingüística-OMVALING
(Programa Prometeu de la Generalitat Valenciana Prometeu para grupos de
recerca d'excel.lència, Ref. PROMETEO/2023/6); IEC; Grup d'Investigació
VIGROB-125 de la UA; und Seu Universitària de la Nucia [UA].
Besonderen Dank schulden wir Herrn Prof. Dr. Dr. Vicent Martines,
dessen Initiative dieses Editionsprojekt erst ermöglicht hat.

ISSN 2627-468X
ISBN 978-3-631-92644-4 (Print) · E-ISBN 978-3-631-92649-9 (E-PDF)
E-ISBN 978-3-631-92650-5 (E-PUB) · DOI 10.3726/b22337

© 2025 Peter Lang Group AG, Lausanne
Verlegt durch Peter Lang GmbH, Berlin, Deutschland

info@peterlang.com www.peterlang.com

Alle Rechte vorbehalten.

Das Werk einschließlich aller seiner Teile ist urheberrechtlich
geschützt. Jede Verwertung außerhalb der engen Grenzen des
Urheberrechtsgesetzes ist ohne Zustimmung des Verlages
unzulässig und strafbar. Das gilt insbesondere für
Vervielfältigungen, Übersetzungen, Mikroverfilmungen und die
Einspeicherung und Verarbeitung in elektronischen Systemen.

Diese Publikation wurde begutachtet.

# Inhaltsverzeichnis

Joan Fuster und die Aphorismen ............................................................ 7

Teil I  Ratschläge, Sprüche und Unverschämtheiten ........................... 17

    Jüngste Gerichte ............................................................................. 17
        Die Vorurteile ............................................................................ 17
        Nähere Kenntnisse .................................................................... 17
        Ethik für einen Unbekannten .................................................. 25
        Werke und Tage ........................................................................ 34
        Für einen, für viele ................................................................... 43
        Generalabsolution und vollkommener Ablass ...................... 53
    Unredliche Ab- und Ansichten ...................................................... 53
        Vorsichtshalber zu Beginn ....................................................... 53
        Aufs Geratewohl beobachtet ................................................... 53
        Grundideen für Kinder aus Familien .................................... 57
        Persönliche Erfahrung ............................................................. 60
        Geisteswissenschaften ............................................................. 64
        Die Kunst, Ratschläge zu erteilen .......................................... 69
        Man nennt es Gesellschaft ....................................................... 73
        Hiermit schließe ich vorläufig die Klammer ......................... 78

Teil II  Weitere Aphorismen ..................................................................... 79

    Wenige Worte ................................................................................... 79
    Weitere Jüngste Gerichte ................................................................ 86
        I .................................................................................................... 86
        II ................................................................................................... 87
        III ................................................................................................. 89
        IV ................................................................................................. 90
        V .................................................................................................. 91
        VI ................................................................................................. 93

# Joan Fuster und die Aphorismen

*Vicent Salvador* (Universitat Jaume I, †)

Der Aphorismen-Band *Consells, proverbis i insolències* (Ratschläge, Sprüche und Unverschämtheiten), der den Hauptanteil dieser Ausgabe ausmacht, gehört neben *Nosaltres, els valencians* (Wir, die Valencianer) und *Diccionari per a ociosos* (Wörterbuch für Müßiggänger) zum Kernbestand der bekanntesten und repräsentativsten Schriften von Joan Fuster (1922–1992). Bei *Nosaltres, els valencians* handelt es sich um eine Durchleuchtung der valencianischen Gesellschaft, ausgehend von ihrer Geschichte und soziologischen Identität; das Buch stellte innerhalb des katalanischsprachigen Raums den Ausgangspunkt für alle Theoriebildungen über die valencianische Region dar. Das *Diccionari per a ociosos*, inspiriert von Voltaires *Dictionnaire philosophique portatif* (Philosophisches Taschenwörterbuch), versammelt eine Reihe kurzer, ebenso unterhaltender wie intellektuell anregender Essays für eine breite Leserschaft und wurde, als der meistübersetzte Band Fusters, ins Spanische (*Diccionario para ociosos*, Península, 1970), Englische (*Dictionary for the idle*, Shefield Academic Press,1992), Italienische (*Dizionario per oziosi*, Tullio Pironti, 1994) und Französische (*Dictionnaire à l'usage des oisifs*, Anacharsis, 2010) übertragen.

Hingegen ist das hier vorgestellte Buch weder ein Werk über die Identität eines Landes noch eine so gut exportierbare Textsammlung wie das »Wörterbuch«, und so wurde es bislang außer ins Spanische in keine weitere Sprache übersetzt. Und doch stellt es eine brillante Übung in verdichtetem Denken dar, tiefgründig und mit durchaus universellem Anspruch. So schreibt es sich sowohl in eine antike Traditionslinie der Weisheitsliteratur ein als auch in neuere wie derjenigen der französischen Moralisten Chamfort, La Rochefoucauld und Joubert oder aber anderer europäischer Schriftsteller wie etwa Nietzsche, Paul Valéry oder Cioran … (Mautner 1985); man könnte auch katalanische Autoren dazuzählen wie Santiago Rusiñol oder Eugeni d'Ors. Wie ich jedoch gleich erörtern werde, hat die Aphoristik Fusters ein ganz eigenes Profil.

Er selbst räumte ein, dass er das Schreiben von Aphorismen jahrelang als privates Hobby betrieb. Allerdings hatte er, bevor er das Buch *Judicis finals* veröffentlichte (s. u.), bereits mehrere Folgen von Aphorismen in Zeitschriften der katalanischen Exilanten in Lateinamerika (*La Nostra Revista*, *Pont Blau*) vorgestellt. Auch in der katalanischen Zeitschrift *L'Espill*, die er selber leitete, wurden einige abgedruckt, und zwar eine Serie, die er später in einen seiner letzten Essaybände, *Sagitari* (Schütze), aufnahm. Posthum gaben Francesc Pérez Moragón und Josep Palacios unter dem Titel *Bestiari* (Bestiarium) sogar noch ein unveröffentlichtes, hochinteressantes Kompendium heraus.

*Consells, proverbis i insolències* erschien erstmals 1968 im Verlag AC (Barelona) und besteht aus zwei Teilen: Der erste, »Judicis finals« (Jüngste Gerichte), war bereits 1960 vom Verlag Moll aus Mallorca als Einzelband veröffentlicht worden, der zweite, »Proposicions deshonestes« enthielt bis dahin unveröffentlichte Texte. Wie man sieht, sagen schon die Titel viel über Art und Inhalt aus: So spielt z. B: »Judicis finals« mit der Mehrdeutigkeit des Wortes *judici*, das sowohl »Urteil, Meinung« als auch »Gerichtsverfahren« und in Kombination mit *final* das Jüngste Gericht bezeichnet – hier im Plural; auch beim zweiten Teil ist Polysemie im Spiel, *proposició* kann linguistisch einfach »(Satz-)Aussage« heißen, oder aber »Vorschlag, Antrag«, was in Verbindung mit dem Wort *deshonesta* (»unlauter«) den – erotisch konnotierten – stehenden Begriff »unsittliche Anträge« ergibt, die gemäß der traditionellen Mentalität als gesetzeswidrig gelten.

Seinerseits verknüpft der Titel des gesamten Bandes (Ratschläge, Sprüche und Unverschämtheiten) semantisch drei Typen verbaler Handlung: die des Beratens, die des Ausdrückens von Volksweisheiten in eigenen Worten und schließlich die der Unverfrorenheit, Frechheit und sogar der Beleidigung. Der Ratschlag ist ein verbaler Akt, der ein Risiko miteinschließt, wenn der Ratgebende moralisch gar nicht dazu berechtigt ist und auch nicht darum gebeten wurde – es ergibt sich also für denjenigen, der es wagt, auf eigene Faust Ratschläge zu erteilen, ein Risiko des Verlustes gesellschaftlicher Anerkennung; Sprüche verweisen auf eine anonyme, kollektive Entstehung über lange Zeiträume (die Weisheit der Überlieferung), was in unserem Fall nicht zutreffend ist; die Unverschämtheiten schließlich stellen ein deutliches Übertreten der guten Manieren und der politischen Korrektheit dar. Kombinieren wir nun all diese semantischen Aspekte aus den drei Titeln, ergibt sich die Konnotation einer provozierenden, Grenzen übertretenden Konzeption.

Im Grunde kommt die hauptsächliche Paradoxie von der Tatsache, dass Fusters Aphorismen eben keine anonymen – in der Regel konservativen – Aussagen sind, wie dies Sprichwörter zu sein pflegen, sondern das Werk eines zeitgenössischen Schriftstellers, der Ironie ins Spiel bringt und in gewisser Weise subversive Inhalte vorträgt. Allerdings bedient sich diese provozierende Haltung in unserem Fall rhetorisch der Stimme, die eben der Überlieferung von Weisheiten eigen ist, was ihr zusätzliche *auctoritas* verleiht.

Der Humanismus, der die Person und das Denken Fusters entlang seines gesamten, vor allem aber essayistischen Schaffens auszeichnet, ist ein rationaler, kritischer und in großen Teilen heterodoxer Humanismus. Stilistisch äußert sich dieser durch eine gelungene Kombination von drei Faktoren: lapidare Sentenzhaftigkeit, Ironie und ein Anstrich von kolloquialer Alltagssprache (Salvador 1994, 2008). Sein Humanismus reiht sich in eine Denktradition ein, die von Autoren wie Montaigne, Voltaire, Bertrand Russell (den er als »Desinfektionsmittel« jeglicher Metaphysik bezeichnet) oder sogar vom philosophischen Humanismus William James' stammt.

In diesem Sinn widersprechen Fusters Aphorismen nicht dieser intellektuellen Haltung, wobei er hier selbstverständlich eine äußerst knappe Ausdrucksweise wählen muss, ohne Raum für erklärende Ausführungen und Nuancierungen, die dem Gedanken präzisere Konturen geben könnten. Auch seine Essays enthalten zahlreiche sentenzhafte Aussagen, die isoliert durchaus als Aphorismen lesbar wären, doch erlaubt dort der diskursive Zusammenhang, Behauptungen zu begründen, sie durch Erläuterungen zu präzisieren und auszudifferenzieren oder ihnen sogar zu widersprechen, während dies alles bei Aphorismen wesentlich schwieriger ist. Die Herausforderung des Genres liegt darin, eine *dialektische Lakonie* zu beherrschen, die provozierend sein kann, jedoch nie in den dogmatischen Ton verfällt, mit dem man Wahrheiten über die Welt und das Leben verkündet.

Wer Aphorismen verfasst, unterwirft sich bewusst den Gesetzen der strikten *brevitas*, die den Vortrag auf Gedanken-Kapseln reduziert; diese sind zwar einprägsamer, dafür jedoch wegen der plakativ und kaum argumentativ dargelegten Werturteile auch anfechtbarer. Die Kürze dieser Mikrotexte muss andererseits durch sehr intensive und genaue Formulierungsleistung aufgewogen werden, eine sprachliche Goldschmiedearbeit, die in mancherlei Hinsicht der Lyrik vergleichbar ist. Denn das aphoristische Wort muss aufgrund seiner Zugehörigkeit zur *brevitas* die sprachliche Äußerung destillieren und in maximaler Konzentration darbieten, wie einen hochwertigen Duftstoff, und darüber hinaus mit der Präzision eines Uhrwerks ausgestattet sein. In gewisser Weise ist der aphoristische Text eine Art Experiment aus einem Laboratorium der Sprache, wo die Wörter mit dem Mikroskop beobachtet und mit Präzisionsinstrumenten und wohldosierten Reagenzien nach vorab festgelegten Vorgehensweisen bearbeitet werden.

Ohne diese Spannung des Ausdrucks, die den Leser mit neuen Bildern überrascht und durch einen abrupten Abschluss zum Nachdenken zwingt, wäre der Aphorismus eine bloße katechetische Maxime oder ein banales Aussprechen substanzloser Allgemeinplätze – wie ein schlecht erzählter Witz, der den Zuhörer nur zu einem Achselzucken bewegt oder zu einem uninteressierten *so what?*

Der Aphorismus enthält ein Urteil im Sinne einer vorausgegangenen Debatte, wie im Bereich der Gerichtsbarkeit. Hier ist es der Autor, der mit sich selbst eine Debatte über ein Thema geführt hat oder mit den Ansichten anderer zitierter Autoren; seine kritische Reflexion führt zu einer wohlüberlegten Schlussfolgerung. Zugleich aber soll sich diese Schlussfolgerung nicht einfach durchsetzen, sondern offen bleiben für die individuelle Aneignung und Diskussion seitens des Lesers. Für Fuster ist es das Hauptanliegen des Aphoristikers, die Adressaten zum Nachdenken zu bringen; dadurch verwandelt sich das, was in weltanschaulichen Parolen die *Losung* ist, in so etwas wie ein *Rätsel*, das der Leser auf seine Art lösen muss und dessen letzten Sinn er dann für sich annehmen oder ablehnen kann. Es ähnelt zweifelsohne einer Denkaufgabe, die nicht unbedingt eine einzige Lösung hat. Manchmal bietet der Autor sogar alternative Schlussfolgerungen an, sei es innerhalb eines Aphorismus, sei es in aufeinanderfolgenden Texten, die eine Art Dialog zu führen scheinen. Oft geschieht dies durch gegenläufige Anschlüsse, wie etwa adversative (»aber«, »jedoch«) oder konzessive (»trotz«, »obgleich«, »wie dem auch sei«) Indikatoren oder durch Ausdrücke, die auf einen tieferen, vom Offensichtlichen abweichenden Sinn verweisen: »letzten Endes …«, »im Grunde …«, »eigentlich«.

In seinem damaligen Vorwort gibt Fuster reichlich Hinweise auf all diese Themen, wie Bruchstücke einer veritablen Theorie des Aphorismus. Betrachten wir zum Beispiel eine biographische Anekdote: die Faszination, die er als Kind für die Almanach-Blätter der von ihm besuchten Herz-Jesu-Schule verspürte. Beim Ersetzen des Kalenderblatts vom Vortag begegnete er jeden Tag einem neuen Gedanken, den der anonyme Jesuit, der mit der Redaktion betraut war, zur geistigen Beschäftigung anbot. Dieses Detail verdeutlicht ein Konzept seiner eigenen Rezeptionstheorie. Denn in der Tat ist die aphoristische Diktion nicht für die schnelle Lektüre geeignet, die eine Inflation ungeordneter, schwer zu verarbeitender Gedankengänge verursachen würde, sondern vielmehr für das genaue Gegenteil, nämlich eine bedächtige, strukturierte Rezeption, die eine bewusste, sehr individuelle Aufnahme möglich macht.

Dieser langsame Rezeptionsrhythmus fördert einerseits das Memorieren des Mikrotextes, der nach der Lektüre gedanklich aufgerufen und dadurch weiter internalisiert werden kann, andererseits auch die kritische Aneignung seines Inhalts. Denn es handelt sich selbstverständlich nicht um Parolen, denen blind zu folgen ist, wie etwa die eines Fernsehpredigers, sondern um eine Art Rätsel, eine subjektive und problematische Aussage, deren Sinn der Leser entwirren und entweder frei akzeptieren oder zugunsten denkbarer Alternativen ablehnen kann. Der Leser, den Fuster sich vorstellt, soll von der unerwarteten Aussage überrascht, ja bestürzt sein, ähnlich wie von einer Metapher, die so kühn ist wie ein unmöglich scheinender Sprung zu Pferde; die erwünschte Reaktion darauf ist, dass der Leser sich neu orientiert und die Aussage mit seinem eigenen Urteilsvermögen prüft, um sich in der Welt der Ideen neu auszurichten.

Es mag an dieser Stelle angebracht sein, sich zu vergegenwärtigen, dass die große typologische Vielfalt an Aphorismen, die unsere Kultur hervorgebracht hat, grundsätzlich zwei unterschiedlichen strategischen Polen zugeordnet werden kann: der traditionelleren, von tiefem Ernst geprägten Art, die überwiegend mit konservativem Denken verbunden ist, und auf der Gegenseite der reinen Einfallskraft, die mit Wörtern jongliert und dem poetischen und humoristischen Spiel nahesteht. Der Aphorismus pendelt also zwischen einer ethischen bzw. philosophischen Maxime und einer rein sprachlichen Spielerei, die nur die Phantasie anregt und auf die Vermittlung einer Lehre völlig verzichtet. Was beide Strategien am deutlichsten gemeinsam haben, ist wohl eine Eigenschaft, die als »merkfähige Dichte« dieser Mikrotexte bezeichnet werden könnte. Eine charakteristische Ausprägung des zweiten Typs wäre etwa die *greguería*, die der Spanier Ramón Gómez de la Serna entwickelte. Selbstverständlich gibt es zahlreiche Kombinationen beider Strategien, z. B. bei Musil, Canetti, Bergamín, Antonio Machado und selbst bei Nietzsche.

Auch im Werk von Fuster finden wir Exponenten des reinen Sprachspiels, das häufig Metaphern, Metonymien oder Synästhesien hervorbringt. Dies mag hier durch ein einziges Beispiel belegt werden: »Rameaus Cembalo hat Zahnweh«. Doch im Allgemeinen neigt Fuster dazu, dem konzeptionellen Inhalt und der Reflexion mit Tiefgang den Vorrang zu geben, wie er selbst im Vorwort seines Buches angibt; dort erläutert er, dass er nach Möglichkeit die »Unbesonnenheit« vermieden hat, den Aphorismus zur reinen Übung des Esprits zu reduzieren – was ja der Ernsthaftigkeit und der »pädagogischen« Nützlichkeit für sein Vorhaben, das Bewusstsein der Leser mittels seiner privaten Mäeutik zu wecken, schaden würde.

Freilich bringt ihn diese Verpflichtung zum gesellschaftlichen Nutzen seiner Aphorismen keineswegs in die Nähe jenes hochtrabenden Ernstes, der mit ideologischer Unbeweglichkeit verbunden ist. Es geht ihm nicht darum, die gemeinsame *doxa* zu übernehmen, um möglichst wirksam zu überzeugen, sondern im Gegenteil darum, sie zu untergraben, indem er aus dem Winkel der Heterodoxie heraus spricht. Mittels Entlarvung sprachlicher Klischees und gängiger Denkgewohnheiten erzeugt der Aphorismus aus der Feder Fusters beunruhigende Widersprüchlichkeiten. so fragt sich der Autor zum Beispiel, ob die sprichwörtliche Treue der Hunde gegenüber ihren Herrchen nicht etwa berechnende Liebedienerei sein könnte. Oder er dreht eine stehende Redewendung um und damit auch den mit ihr einhergehenden, durch soziale Konvention festgelegten Denkautomatismus. So etwa, wenn der scheinbar unhinterfragbare Zusammenhang »Wer zahlt, schafft an« aufgehoben wird und durch eine spielerische Ersetzung ein anderer Zusammenhang – mit eindeutig sozialkritischer Absicht – erkennbar wird: »Wer zahlt, schafft an, hat also das Sagen? Die Geschichte und die Alltagserfahrung beweisen zumindest, dass wer das Sagen hat, auch kassiert. Das Sagen haben heißt kassieren – unter anderem.«

In mancher Hinsicht ähnelt diese Mechanik dem Verfahren der *Verfremdung*, das in der Poetik der russischen Formalisten eine zentrale Rolle spielte. Zweifelsohne kann der Aphorismus als literarisches Genre gelten, und in manchen Aspekten ist er der poetischen Diktion nahe. Nicht umsonst schätzte Fuster ihn als eine Art »gescheitertes Epigramm« ein. Damit nimmt er aber, jenseits des Sprachspiels und der ästhetischen Empfindung, vor allem Bezug auf die Idee – Fusters Aphoristik ist, ebenso wie seine Essayistik, stets eine *Literatur der Ideen*, eine konzeptionelle Beweglichkeitsübung, ein Erkenntnisgenerator, der darauf abzielt, am Trägheitsmoment des Konventionellen zu rütteln und eingeschlafenes Bewusstsein zu wecken. In gewissem Sinne nimmt sich Fusters Schreiben vor, das traditionelle Genre des Aphorismus mittels einer sichtbar subversiven Manipulation zu dekonstruieren, ein wenig in der Art wie Éluard und Péret es mit ihren *152 proverbes mis au goût du jour* (152 Sprichwörter auf den neuesten Stand gebracht) auch getan hatten (Grésillon & Maingueneau 1984).

Im Zuge dieser Dekonstruktion richtet Fuster sein Augenmerk oft auf lexikalische Strukturen der Sprache, etwa in der Aussage »Die Leute, das sind sie«, wobei er sich stillschweigend aus der Gruppe ausschließt, die durch die zwiespältige Vokabel »Leute« bezeichnet wird. Oder er prangert das Veralten des Wortschatzes an, wenn er sagt, dass der Begriff »Ehebruch« *heute* (Achtung: er schreibt das in den 50er-Jahren des vergangenen Jahrhunderts!) bereits wie ein geziert-altmodischer Ausdruck wirke. Diese Rolle als Entrümpler des Lexikons und scharfsinniger Beseitiger der ideologischen Verkrustungen, die sich im Laufe der gesellschaftlichen Geschichte der Sprache an den Wörtern angelagert haben, ist zweifellos besonders hervorzuheben; in dem Maße, dass der Fuster-Spezialist Amadeu Viana (1987) sich sogar dahingehend geäußert hat, dass die Aphorismen im Grunde eine Studie über die menschliche Rede seien, allerdings eine Studie, die »in kolloquialer Alltagssprache« geschrieben sei.

In der Tat fehlt das Kolloquiale, einer der charakteristischen Züge des Fuster'schen Essay-Stils, auch in seinem aphoristischen Werk nicht. Ganz im Gegenteil: sowohl die engeführte Syntax dieser Texte als auch die zahlreichen Interjektionen und Ausrufe sowie das alltagssprachliche Register vieler Wörter belegen eindeutig den Willen zu einer privat-zwanglosen Ausdrucksweise, wie bei einer Unterhaltung mit sich selbst und dem Rezipienten. Die Sprache ist voller Fragen, Zweifel, Selbstberichtigungen, direkten Ansprachen an den Leser, dem Fuster immer wieder Ratschläge erteilt, oder an sein anderes Ich, das ihn widerlegt oder seine Behauptungen in Zweifel zieht, wie bei einem Dialog vor dem Spiegel. Und genau dieser kolloquiale Ton ist das beste Gegengift gegen getragenen Dogmatismus und übermäßige Sentenzhaftigkeit – die zwei großen Versuchungen, die das Genre mit sich bringt.

Den kolloquialen Ton jedoch als einziges Merkmal hervorzuheben, durch das sich Fusters Wille zum Dialog zeigt, würde der gewaltigen rhetorischen Maschinerie nicht gerecht, die er in seinen Aphorismen mit dem Ziel des *delectare et prodesse* (oder genauer *prodesse* über das Praktizieren des *delectare*) in Gang setzt.

Einer dieser rhethorischen Mechanismen ist die intensive Intertextualität, welche die Aphoristik Fusters auszeichnet, vor allem in »Jüngste Gerichte«. Tatsächlich verweisen die Texte auf schon vorhandene Schriften, die der Autor zitiert, kommentiert, erläutert oder denen er widerspricht. Es ist eine Art der Dialogizität, die nicht immer richtig analysiert worden ist, bei der Fuster mit anderen Autoren der kulturellen Tradition und aus den unterschiedlichen Gattungen der Literatur ins Gespräch tritt. Renan kommt ihm zum Beispiel wie eine Nonne vor, das Werk Prousts, eine in vielerlei Hinsicht sich wiederholende Lektüre, wie stumpfsinniges Kaugummikauen. Valéry ist für ihn wohl ein kalter Dichter: »Diamanten sind nicht essbar« … In diesen und in ähnlichen Fällen gibt sich Fuster respektlos und bringt ein kritisches Temperament zum Vorschein, worin einiges an Unverschämtheit mitschwingt.

In anderen Fällen ist die Haltung nicht kritisch, das Zitat oder der Verweis dienen dann lediglich als Ausgangspunkt für die Entwicklung einer eigenen Aussage: »Ganz so, wie der arme Lear fragte: ›Wer kann mir sagen, wer ich bin?‹«. Und im nächsten Beispiel nutzt Fuster die Anspielung auf Descartes' berühmten Satz für eine freie Kontrafaktur: »Wenn du Geld einnimmst, gibt es dich.«

Was viele Aphorismen gemeinsam haben, ist ihr Charakter als Randnotiz, wie Carme Gregori-Soldevila zutreffend bemerkt hat. Sie unterstreicht diesen Wesenszug, der an die Marginalien früherer Epochen erinnert, als, etwa im 16. und 17. Jahrhundert, Aphorismen auf den Seitenrand fremder Werke geschrieben wurden, besonders häufig bei Tacitus-Übersetzungen: eine Art von Glossen oder Kommentaren, wie sie in der spanischen Literaturgeschichte bereits aus den frühen Schriften der Klöster von Silos oder von San Millán de la Cogolla bekannt sind.

Die Randständigkeit bzw. untergeordnete Position der Aphorismen kommt andererseits auch in der peripheren Rolle zum Ausdruck, die ihnen innerhalb des Gebiets der Literatur zugemessen wird, wo sie als »kleines« Genre gelten, mit wenig Gewicht in der *Res publica literaria*. Auch im Zusammenhang von Fusters Gesamtproduktion wird diese Gattung von manchen Kritikern als etwas Zweitrangiges angesehen, gewissermaßen das Kleingedruckte im großartigen essayistischen Werk dieses Autors. Doch die Strahlkraft dieses Teils seines literarischen Erbes ist unleugbar und ergänzt andere Bereiche seines Forschens und Schaffens wie etwa seine Betätigung als politisch engagierter Historiker oder seine Reflexionen als Theoretiker der valencianisch-katalanischen Nationalbewegung. Gab die Gattung des Essays Fuster nach eigenen Worten die Freiheit, »hemdsärmlig« zu schreiben, so muss das Verfassen dieser kleinen Kostbarkeiten ihm vorgekommen sein, als schriebe er »im Unterhemd«, ganz in der Privatsphäre des eigenen Heims – wiewohl sie unstrittig für die Öffentlichkeit bestimmt sind.

Neben dem häufigen intertextuellen Spiel verwendet die mächtige rhetorische Maschinerie der Fuster'schen Aphorismen viele weitere Strategien. So wird zum Beispiel mit Hilfe von Metaphern die Wahrnehmung der Wirklichkeit, die der Leser hat, verändert: etwa wenn die These aufgestellt wird, dass die Ehe die einzige legale Form der Komplizenschaft sei, die von der Gesellschaft anerkannt werde, oder dass die Liebe nichts anderes sei als eine weitere Geschlechtskrankheit. Oder auch: »Alle Ideen leiden am Ende an Rheuma«. Sehr oft gehen die Metaphern und Vergleiche, wie in den eben angeführten Fällen, von einem biologisierenden Blick auf die Abstraktionen aus. In der Tat besteht eines der wiederkehrenden Denkmuster Fusters darin, einen materialistischen Blickwinkel auf das soziale Leben zu suchen, wobei es nicht nur um einen *historischen* Materialismus geht, sondern auch um einen biologisch geprägten, der ihn Gedanken und Handlungen der Menschen durch eine somatische Brille sehen lässt.

Viele der überraschenden Analogien werden in der Art von Definitionen präsentiert, manchmal explizit, manchmal als in kolloquialem Ton formulierte Hypothesen oder Anregungen: »Bis zu einem gewissen Grad ist jedes Gemälde ein Selbstporträt«; »Sind wir alle am Ende apokryphe Figuren?«; »Und was ist mit der Keuschheit? Ist es nicht eine Art des Geizes?«

Eine weitere rhetorische Waffe, die Fuster gerne verwendet, ist die Ironie, die gelegentlich an scheinbaren Zynismus grenzt: »Amphitryon lädt dich zum Essen ein. Sag: Es lebe Amphitryon!«; »Sei nicht unverschämt. Man könnte glauben, du seist ehrlich!« Daneben sind auch die klassischen rhetorischen Figuren äußerst zahlreich: Paronomasien, Präteritionen, Antithesen oder wortspielerische Wiederholungsstrukturen wie die folgende: »Die Bücher ersetzen nicht das Leben, aber das Leben auch nicht die Bücher«. Fusters Aphorismen wären eine exzellente Fundgrube für alle, die Tropen und Figuren erlernen, wie sie in den Lehrbüchern beschrieben werden.

Einen besonderen Platz nimmt hier das Paradoxon ein, Ausdruck des Sinns für die Komplexität sowohl der Wirklichkeit als auch der sprachlichen Aussage, der es erlaubt, das Leben aus scheinbar widersprüchlichen Perspektiven zu betrachten: »Der Körperteil, der am schwierigsten zu überreden ist, ist das Geschlechtsteil. Oder am einfachsten, je nachdem, wie man es sieht.« Nicht immer erscheint der scheinbare Widerspruch, wie es in diesem Beispiel der Fall ist, so explizit; fest steht aber, dass Fuster sich wiederholt in das Herz der Paradoxie begibt, Perspektiven aufruft, die beide nachvollziehbar und zugleich nur schwer miteinander vereinbar sind. Die Leser haben zu entscheiden, sie sind es, die Antworten auf die aufgeworfenen Fragen finden müssen, die für eine starke Verunsicherung jedes einzelnen sorgen.

In Bezug auf das, was wir den formalen Aussagerahmen der aphoristischen Texte nennen könnten, lassen sich auch hier unterschiedliche Typen feststellen. Jenseits der bereits betrachteten Definitionen kann es sich um allgemeine Aussagen handeln, um direkte Ansprachen der Rezipienten (Ratschläge, Tadel usw.), um Ausrufe, in denen Wünsche oder Ängste zum Ausdruck kommen oder auch um Bekenntnisse eines *Ichs*, das als Prototyp der *conditio humana* auftritt: »Ich bin ein ewig Genesender von meinen Vorurteilen.«

Andererseits beginnt der aphoristische Text häufig mit einem verbindenden Anschluss-Term (z. B. »Und außerdem …«, »Jedenfalls …«), der manchmal auf einen der vorangegangenen Aphorismen zu verweisen scheint, manchmal aber auch auf einen nicht näher bestimmten Kontext: »Und du? Bist du etwa keine ›schlechte Gesellschaft‹?« In diesen Fällen kommt es dem Leser so vor, als fügte sich der Aphorismus in ein stillschweigendes, als selbstverständlich vorausgesetztes Gespräch ein, das zwischen ihm und dem Autor geführt wird. Es wäre jedoch zu weitschweifig, alle Nuancen aufzuzählen, die von der Stimme des Autors in den Aussagerahmen gelegt werden.

Auf jeden Fall erzeugen, wie Ruth Amossy (2006) anmerkt, neuartige Figuren – im Gegensatz zu Klischees, die eher dazu dienen, naive Leser zu überzeugen – einen mehr oder weniger heftigen Bruch mit den vorhandenen Erwartungen, und zwar immer solcher Art, dass dieser die innere Ordnung der sprachlichen Äußerung reorganisiert. Das Relevanteste dabei ist das Ziel dieser Strategie: den Leser zum selbständigen Empfinden und Denken zu bringen.

Unter der Oberfläche der scheinbaren Einfachheit des aphoristischen Spiels ergeben die kurzen Texte dieses Buches – eine Art Theaterstück, in welchem die

Bühnenfiguren sehr heterogene Stimmen sind: Masken, Zitate, Anspielungen. Mit ihnen orchestriert der Autor/Dramatiker, unter dem Schutz der als Alibi und Werkzeug der Überzeugung eingesetzten lebensweisheitlichen Tonalität, ein polyphones Schauspiel, eine Maschinerie zum Zertrümmern, Gegenüberstellen, Karikieren oder Diskreditieren von Diskursen durch kalkulierte Untergrabung der Trägheitsmomente des Denkens und der Sprache.

## Literaturangaben

Amossy, Ruth (2006): *L'argumentation dans le discours*, Paris: Armand Colin, 2. Aufl.

Gregori-Soldevila, Carme (2011): *Anotacions al marge. Els aforismes de Joan Fuster*, València: Publicacions de la Universitat de València.

Grésillon, Alain & Dominique Maingueneau (1984): »Polyphonie, proverbe et détournement ; ou un proverbe peut cacher un autre«, *Langages* 73, S. 25–53.

Mautner, Franz H. (1985): »Der Aphorismus«, in Klaus Weissenberger (Hg.) *Prosakunst ohne Erzählen*, Tübingen: Niemeyer, S. 7–26.

Salvador, Vicent (1994): *Fuster o l'estratègia del centaure*, València: Bullent.

Salvador, Vicent (2008): »Els mots de Joan Fuster«, in Manuel Pérez-Saldanya (Hg.) *Joan Fuster: lengua i estil*, València: Publicacions de la Universitat de València, S. 13–31.

Viana, Amadeu (1987): »*Fuster in fabula*«, *Els Marges* 38, S. 33–43.

# Teil I: Ratschläge, Sprüche und Unverschämtheiten

## Jüngste Gerichte

### Die Vorurteile

Es steht geschrieben: »Richte nicht, auf dass du nicht gerichtet werdest« (oder vielleicht steht da: »Richte nicht, dann wirst du nicht gerichtet«, ich weiß nicht mehr genau). Na gut. Doch ganz gleich, wie es da geschrieben steht, werden wir wohl, so sieht es aus, unvermeidlich gerichtet werden – und sind es bereits. Warum also sollten wir uns den Genuss versagen, über die anderen auf eigene Faust zu urteilen?

Ihr kennt ja sicher den berühmten griechischen Aphorismus : »Joan Fuster ist das Maß aller Dinge.«

Allerdings bin ich ein Verfechter des methodischen Argwohns.

### Nähere Kenntnisse

»Ich sage nicht, dass ich Recht habe. Ich sage nur, dass ich so bin«, schrieb Paul Valéry wie zur Entschuldigung. Aber vielleicht hätte er einfach sagen sollen (vielleicht sollte man einfach sagen): »Ich habe Recht, *weil* ich so bin.«

Alles, was wir tun, ist nicht wiedergutzumachen.

Unsere Freuden pflegen lächerlich banale Anlässe zu haben. Und das ist, mit kühlem Kopf betrachtet, sehr traurig.

Fordert stets das Recht ein, eure Meinung zu ändern. Das ist das Erste, was euch eure Feinde absprechen werden.

Auch das Verzweifeln bekommen wir irgendwann satt.

Wir lernen eine Person erst dann wirklich kennen, wenn wir sie *außer sich* sehen.

Es gibt manche, die behaupten – und sie werden sicher ihre Gründe haben –, dass der Mensch ein kontingentes Wesen sei. Meinerseits kann ich nur sagen, dass ich, wenn es mich nicht gäbe, erfunden werden müsste.

Es hilft nichts, darüber zu witzeln: Wir werden nie verstehen, wie es möglich ist, Perser zu sein.

Mehr noch: Wie kann es jemanden geben, der anders ist als ich? Wie kann jemand *ein anderer – der Andere* sein?

Wenn der gesunde Menschenverstand (das, was wir gesunden Menschenverstand nennen) wirklich *gesund* wäre, also der normale, weitverbreitete Zustand, dann würden wir verrückt werden.

Der Euphemismus ist als solcher schon eine Lüge.

Shakespeare musste sich nicht besonders anstrengen, um Shakespeare zu sein, auch Goethe nicht, um Goethe zu sein, oder Dante, um Dante zu sein. Und das ist ein wenig entmutigend.

Viele Liebeswunden sind nur Verletzungen der Selbstliebe.

Wann wäre ein privates Bekenntnis, das man gegenüber einem befreundeten Menschen macht, nicht von Eitelkeit getrieben? Selbst dann, wenn die schlimmste Niedertracht gebeichtet wird.

Man ist immer ein Idiot in Bezug auf irgendjemanden.

Ich weiß nicht, ob die Todesbesessenheit, die für Heranwachsende so typisch ist, eher der Abteilung Verkommenheit oder der Abteilung Anmaßung zuzuordnen ist.

Das Wort ward dem Menschen nicht gegeben, um seine Gedanken zu enthüllen oder zu verbergen, sondern um sie zu rechtfertigen.

Alt werden heißt, sich damit abfinden, alt zu werden. Die Sache hat keine andere Erklärung.

Jedenfalls ist es ratsam, gleichzeitig mit dem eigenen Körper alt zu werden.

audaces fortuna iuvat.\* – Die Götter helfen den Kühnen rein aus Sinn für Humor.

Mit einem sehr egoistischen Menschen befreundet zu sein – der noch egoistischer ist als man selber – erleichtert die Dinge sehr. Es erlaubt einem, Freundschaft ohne Gewissensbisse vorzutäuschen.

Dankbarkeit blockiert.

Und nimmt man das als – größere oder kleinere – Prämisse, führen alle daraus ableitbaren Syllogismen nur zu einer Schlussfolgerung: »Das Leben ist *zwecklos*.«

---

\* Die Götter helfen den Kühnen

Die Liebe: Trotz allem, auf danteske Weise: *Io son più ch'io…*\*

Das Denken behauptet – und festigt sich – durch Einwände. Gebt mir einen guten Widerredner, und ich bin fähig, die hervorragendsten Theorien aufzustellen.

Ganz so, wie der arme Lear einst fragte: »Wer kann mir sagen, wer ich bin?«

Es mag wie eine Albernheit klingen, aber die allererste Voraussetzung, um Zyniker zu sein, ist, dass die anderen es nicht sind.

Es gibt eine gewisse »Angst vor dem Erkennen«, die nichts anderes ist als die Angst davor, uns in das zu verwandeln, was wir kennen – oder uns dazu zu bekennen.

»… Menschlich, allzu menschlich …«. Es gibt nichts, was *allzu* menschlich sein könnte.

Man kann nichts *besitzen* – Freiheit oder Macht; Freude oder Dinge oder Liebe –, es sei denn, man nimmt es jemand anders weg.

»Aus der Diskussion entsteht die Klarheit«, sagt man. Und tatsächlich zeigt die Erfahrung, dass jeder zwar dieselbe Überzeugung beibehält wie vor der Diskussion, aber viel klarer.

Es ist Teil einer guten Erziehung zu wissen, wann es nötig ist, unhöflich zu sein.

Wir sind unwiederholbar.

Selig sind diejenigen, die einen Lehrer hatten – einen Lehrer des Denkens, versteht sich –, denn sie werden ihm abschwören können.

Man muss die Dinge so hinnehmen, wie sie sind – also auch den Tod, das Leid und das Unrecht –: als Erpressungen der Demiurgen.

So zu tun, als gäbe man auf, kann ein hervorragendes Mittel sein, für Politiker ebenso wie für Verliebte.

Vom Feind beneiden wir fast immer die Unzulänglichkeiten, und das natürlich *sub specie boni*. Was uns an ihm stört und was wir im Grunde hassen, das sind seine Vorzüge.

Mich macht der Alkohol verständnisvoller.

---

\* Ich bin mehr als ich selber (Dante, *Divina Commedia*, Paradies, 16. Gesang)

Jene Figur bei Balzac, die danach trachtete, »übermäßig zu leben«, die verstehe ich nicht, o Herr, ich, der ich es so gerne täte usw.

Vielleicht sind wir nie so ehrlich wie dann, wenn wir so tun, als wären wir ehrlich.

»Elefanten sind ansteckend«, behauptete ein Surrealist. Und es ist möglich, dass er Recht hatte. Man weiß nie.

Damit uns etwas wirklich berührt, muss es eine gewisse Dosis an Gewöhnlichkeit enthalten.

Der Mensch hat, seit er Mensch ist, nichts anderes getan als die Schöpfung zu korrigieren, das Werk Gottes auszubessern – also all jenes, was Gott erschaffen und, laut Genesis, für gut befunden hatte …

Wenn man zu dem Schluss kommt, dass ein Problem unlösbar ist, wird man dessen Sklave. Daraus entsteht das Schicksalhafte, das man tragisch nennen kann und das letztlich das Schicksalhafte der alten Tragödien ist.

Gebt einem Irrtum eine axiomatische Definition, und es wird euch am Ende wie eine Wahrheit vorkommen.

Nur der Tod ist vollkommen – und selbst das ist nicht immer der Fall.

Alle meine Ideen sind provisorisch. (Fürs Protokoll: Ich sage es ohne Stolz.)

Wenn du darüber nachdenkst, wirst du feststellen, dass es dich gar nicht so sehr ärgert, wenn man dir widerspricht, sondern wenn man dir nachweist, dass du dir selbst widersprichst.

Die Fähigkeit zu vergessen ist zweifellos ein deutliches Symptom von körperlicher und geistiger Gesundheit.

Die Welt wäre noch um einiges unerträglicher, wenn man – ich, du, er – nicht glaubte, dass das eigene Leben einen Ausnahmefall darstellt.

Die flüchtigen Liebschaften haben ein Gutes: dass sie uns am Ende sogar zauberhaft erscheinen.

»Je ne méprise presque rien …«*. Ich auch nicht … Sie entschuldigen, ich muss weiter.

---

\* Ich verachte beinahe nichts

Wenn es manchmal so scheint, als wäret ihr der gleichen Meinung wie jemand anderes, dann gibt es keinen Zweifel: Es liegt ein Missverständnis vor.

Die Frau ist reine Physiologie; der Mann auch, aber er versucht, es zu vertuschen.

Ich nehme an, dass es irgendeinen Unterschied macht, ob man Atheist in Bezug auf Jehowa oder in Bezug auf eine andere Gottheit ist (oder einen ganzen Olymp).

Abgesehen davon, glaube ich, dass man zwei so unterschiedliche Sachen wie den Atheismus und die Theophobie (Gotteshass) nicht verwechseln sollte. Mehr als einer unter den selbsternannten Atheisten ist weiter nichts als ein schlichter, mehr oder weniger wütender Gotteshasser.

Alle Menschen sind sterblich, und ich am meisten von allen.

Bescheidenheit des Autors: Aphorismen – meine ebenso wie die von jedem anderen – sind immer falsch, intrinsisch falsch. Dieser auch.

Es ist gefährlich, sich mit einem Idioten zu verfeinden, denn die Idioten sind meist schädlicher als die Bösartigen. Darüber hinaus ist es auch moralisch sehr unbequem: Mit einem Idioten als Feind haben wir immer das Gefühl, uns lächerlich zu machen.

Uns kann nur jemand widerlegen, der genauso denkt wie wir.

Jedes Ziel, sei es noch so zwielichtig, ruft am Ende Respekt hervor, wenn es bis zur Gewalttätigkeit verfolgt wird.

Jeder Name ist ein Pseudonym; jedes Gesicht eine Maske; jede Geste etwas Gestelltes; jedes Wort ein Missverständnis. Und unter solchen Bedingungen ist der Mensch ein soziales Tier! Ja, meine Herren: *zoon politikon*.

»Ego dixi: Dii estis«* (Psalm 81, 6). Und wir wollen es nicht glauben!

Die nützlichsten Lehren sind diejenigen, bei denen wir beschließen, nichts daraus zu lernen. Und zwar gerade weil wir nichts daraus lernen.

Wenn ein Erwachsener Sehnsucht nach seiner Kindheit spürt, dann deshalb, dass er sich nicht oder nicht richtig daran erinnert.

---

\* Ich habe gesagt: Ihr seid Götter

Es ist wichtig, darauf hinzuweisen, dass hinter der Unschuld vieler Abels häufig eine unverschämte, verletzende Provokation steckt. Besser gesagt: Diese Unschuld ist, als solche, in den überwiegenden Fällen eine Provokation.

Jegliche Metaphysik ist eine »Metaphysik der Tröstung«, eingeschlossen selbst diejenige von Camus, und zwar in dem Maße, in welchem sie eine Metaphysik ist.

Deshalb glaube ich, dass es hinsichtlich der Wirkung auf den Verbraucher keinen wesentlichen Unterschied zwischen Philosophie und Schnaps oder Morphium gibt.

Es gibt Leute, die sind Anwalt oder Arzt oder Lehrer oder Politiker oder Bischof oder Dichter oder Bauer. Mein Beruf hingegen ist es, Joan Fuster zu sein.

In vielen Dingen, aber besonders in der Liebe, ist Erfahrung eher ein Mangel. Deshalb einnert man sich an die erste Liebe als die beste – sie ist die beste.

Wir sagen – und schreiben! – nur Allgemeinplätze: Wenn es nicht so wäre, würden wir uns nicht verstehen.

Die Wahrheit in der Schule: »Adaequatio intellectus et rei«.* Gut, aber: Was heißt *adaequatio*? Was heißt *intellectus*? Und was heißt *rei*? Und letztlich sogar: Was heißt hier *et*?

Es gibt keine unterschiedlichen Arten zu glauben.

Niemand beleidigt uns so tief wie jener, der sich weigert unser Feind zu sein, gerade wenn wir ihn zum Feind haben wollen.

Das Leben ist eintönig, zweifelsohne, und sogar sehr, aber für gewöhnlich merken wir nicht, dass wir dies noch in viel größerem Maße sind: eintönig.

Zum Nachdenken. Genau in diesem Augenblick haben Abermillionen Menschen Sex – in Gedanken, Worten oder Tat; die übrigen Millionen warten auf eine sich bietende Gelegenheit. (Der besagte Augenblick ist jeder beliebige Augenblick.)

Die Eitelkeit der anderen ist für uns *nur dadurch* unerträglich, dass sie uns wie eine unrechtmäßige Aneignung vorkommt.

---

* [Wahrheit ist] die Übereinstimmung des Geistes und der Dinge (Thomas von Aquin)

Merkt ihr's? Immer geschieht alles nach Gottes Willen – dem Willen eines anderen.

»Duo si idem dicunt, non est idem«.* Und noch darüber hinaus: Dieselbe Sache, von derselben Person zu unterschiedlichen Zeitpunkten gesagt, ist auch nicht mehr dieselbe.

Wir wissen, dass wir sterben müssen, aber der Überlebensinstinkt empfiehlt uns, es zu vergessen.

Systematisches Denken, also ein Denken ohne innere Widersprüche, wird stets den Nachteil haben, dass es seinen Widerspruch gegenüber dem Leben nicht lösen kann.

Es gibt eine Gefahr: dass man sich am Ende zu sehr selbst ähnelt.

Aber es ist auch ganz schön schwierig, sich selber nachzuahmen.

Le moi haïssable.** – Ich bin kein vorsichtiger Mensch – so tief bin ich nicht gesunken. Ich bin nur ein Feigling, und das ist etwas ganz anderes, ja sogar etwas Entgegengesetztes.

Hin und wieder verspüren wir die Notwendigkeit, uns einen Manichäer auszudenken, einfach aus der puren Freude, ihn zu widerlegen. Täten wir es nicht, würden wir am Ende den Glauben an unsere eigenen Überzeugungen verlieren.

Dass der Mensch in der Lage war, über die Jahrhunderte so viele und unterschiedliche Metaphysiken zu erfinden, muss uns nicht überraschen. Es handelt sich schlicht um Auswüchse der Vorstellungskraft. Was allerdings überraschender, ja sogar besorgniserregend ist, das ist, dass der Mensch es immer noch nötig hat, sie zu erfinden.

Ach, wenn das Geschlecht dächte! (Entschuldigung, das hat mir Pascal nahegelegt: »Stellt euch einen Körper vor, der aus lauter denkenden Gliedern besteht …«.)

Es gibt den Tod – also wird es immer Gott geben. Es gibt das Leben – also wird es immer Götter geben.

Selten kann man eine Wahrheit – jedenfalls bestimmte Arten von Wahrheit – zum Ausdruck bringen, ohne dass es wie eine Unverschämtheit wirkt.

---

\*   Wenn zwei dasselbe sagen, ist es nicht dasselbe
\*\*  Das hassenswerte Ich

Vielleicht ist es deswegen, dass manch einer vor lauter Unverschämtheit glauben macht, er spreche Wahrheiten aus.

Die Possessivpronomen: Das sind grammatikalische Formen, die wirklich verstörend sind.

Wir messen manchen Dingen Wichtigkeit zu, große Wichtigkeit, um glauben zu können, dass es in diesem öden, trostlosen Leben überhaupt wichtige Dinge gibt.

Verfolgt man sie bis zur letzten Konsequenz, erweisen sich alle Theorien als absurd. Das bedeutet, dass sie es schon von Anfang an waren, zumindest teilweise. Überflüssig zu sagen, dass uns diese Schlussfolgerung dazu führen sollte, gemäßigte Skepsis anzuwenden. Anzuwenden, wohlgemerkt, nicht uns dazu zu bekennen, das würde sich nicht lohnen.

Die jungen Leute sind immer dumm, selbst wenn der junge Mensch Rimbaud heißt – der, in der Tat, dumm und genial war (das sind keine unvereinbaren Eigenschaften).

Soziologie der Mode: Man muss den Handel im Gang halten. Die vermeintlichen sexuellen Implikationen sind nur der Vorwand dafür.

Stellt euch einen lächelnden Stoiker vor: Das wäre der perfekte Mensch.

Damit das Auge sich selber sehen kann, braucht es die Vermittlung eines Spiegels. Das Bewusstsein braucht ebenfalls einen Spiegel. Wir sehen – oder erkennen uns – nur, wenn wir auf andere blicken.

»Leben heißt, noch nicht gestorben zu sein«; »für den Menschen ist leben nur warten auf den Tod« usw.

Liebe ohne Enttäuschungen wäre keine Liebe, sie wäre, was weiß ich, kandierte Früchte oder Musik von Bach.

Nochmals die Liebe – »S'io m'intuassi come tu t'immii …«*. Aber das ist unmöglich! Angefangen damit, dass du dich ja nicht ein-ich-st (oder ein-mich-st, ich kann das nicht richtig übersetzen): Ich bin es, der sich das vorstellt.

---

\* Wenn ich mich so ein-du-en würde, wie du dich ein-ich-st (Dante, *Divina Commedia*, Paradies, 9. Gesang, Vers 81)

Menschen mit skeptischer Veranlagung für die Praxis, wie z. B. ich, sind dazu verurteilt, alles gut zu finden, was andere tun, und zu ertragen, dass es immer jemanden gibt, der schlecht findet, was wir tun.

Man muss die Wahrheit übertreiben, damit sie glaubhaft wird.

Die Frauen sind, wie die Literaten, im Wesentlichen anachronistische Tiere.

Mich macht es sehr traurig, wenn ich höre, dass ein intelligenter Mensch spricht, und es mich nicht im Geringsten interessiert, was er sagt.

Wer würde die Vorstellung eines Duplikats seiner selbst ertragen?

Reflektieren – das Wort sagt es ja – ist widerspiegeln. Oder sich widerspiegeln?

Alle philosophischen Lehren sind mit Müh' und Not verschleierte – oder sagen wir: vertuschte – Spielarten des Solipsismus.

Wir streben in allem nach Gewissheit (zumindest nach moralischer Gewissheit). Ich weiß gar nicht, warum. Letztlich ist es völlig egal.

Nicht nur die Reichhaltigkeit im Denken eines Menschen, sondern auch die darin enthaltene Komplexität der Gefühlsnuancen hängen vom Wortschatz ab, den er beherrscht, und von den vorhandenen syntaktischen Mitteln. Wir denken und fühlen in dem Ausmaß, welches unsere Sprache uns erlaubt.

Ein Mensch, der uns liebt, ist eine dauernde Gefahr.

Die einzigen Freuden, die nicht enttäuschen, sind die unerwarteten.

Des Öfteren würde ich gerne den Spruch jener Romanfigur wiederholen: »Beweist, dass ich die Wahrheit sage!«. Aber als Bitte, nicht als Herausforderung.

Je mehr ich darüber nachdenke, desto mehr glaube ich, dass Ich-Sein eine Art von Neurose ist – eine ziemlich beschwerliche, übrigens.

## Ethik für einen Unbekannten

Wiederhole mit mir: »Nihil humani …«.\* Auch nicht die Dummheit!

In allem, was wir tun – selbst in dem, was nicht recht ist –, wird uns nur größte Verbissenheit Erlösung bringen.

---

\* Nihil humani [me alienum]: Nichts Menschliches [ist mir fremd]

Nimm dich so an, wie du bist. Aber versuche sogleich, dieses Angenommensein in Gewissensbisse zu verwandeln.

Die Ideen, die du hast; die Ideen, die dich haben. Es sind die letzteren – und das weißt du gar nicht –, die du lebst.

Wir müssten uns – wenigstens ein bisschen – verantwortlich fühlen für die Gesichtszüge unserer Kinder und den Fanatismus unserer Mitstreiter. Wir haben in gewisser Weise daran eine Mitschuld.

Der Moralist ist ein Mensch mit enttäuschenden Erfahrungen bezüglich der anderen Menschen.

Der Arglose weiß nicht, dass er es ist – und deshalb ist er es.

Beichtstuhl-Psychologie: Alle erstmaligen Sünden haben, wie bei Eva, das gleiche Motiv: Neugier. Die zweite Sünde, die Wiederholung der ersten, begeht man aus Stolz. Alles Weitere ist dann eine Frage der Gewohnheit.

Leidest du? Dann finde dich damit ab. Niemand ist ungestraft geboren worden. Seneca sagt es.

Es gibt Menschen, die Bewunderung oder Verachtung oder Gleichgültigkeit verdienen. Aber es gibt auch solche, die nur Groll verdienen.

Klagt man euch an? Achtet nicht darauf. Sicher geschieht es im Namen von Normen oder Mythen, denen ihr stillschweigend schon längst abgeschworen hattet.

Der Stolz verbirgt immer irgendeine Art von Ohnmacht – er ist die große Hochstapelei der Schwachen. Wenn man zum Beispiel vom »Stolz des Adels« spricht, ist zu verstehen, dass sich die Inhaber ihrer Standesüberlegenheit nicht besonders sicher sind. Der echte Adlige ist ein Despot, eine Bestie, aber kein stolzer Mensch.

Bis zu welchem Punkt haben die anderen ein Recht auf meine Ehrlichkeit?

Gegen das Gute und gegen das Böse – gegen die Ansprüche des einen und des anderen – haben wir nur ein Mittel, uns zur Wehr zu setzen: die Ironie.

Leben heißt verraten.

Sieh her: das schönste Gesicht mit dem verlockendsten Lächeln. Na gut, darunter verbirgt sich ein düsterer Totenschädel, der von anderen nicht zu unterscheiden ist. Wir alle wissen das. Aber ich glaube, dass daran zu denken eine wahre Sünde der Unanständigkeit ist.

Und außerdem: alle Totenköpfe sind mehr oder weniger gleich – wie alle Geschlechtsorgane.

Verlange kein Verständnis, nicht einmal von deinem besten Freund. Bestenfalls wird er dich bemitleiden, wie jeder andere auch.

Wenn du es recht betrachtest, wirst du feststellen, dass es niemand gibt, der deinen Neid verdient.

Auf dem Grund jeder Verliebtheit liegt ein Irrtum: Ohne jeden Anlass hatten wir gedacht, dass die geliebte Person jemand anderes sei.

Es ist gut zu glauben, dass die anderen uns mögen; das hilft uns, sie zu mögen.

Ich habe noch nie einen Menschen der Tat bewundert. Tut mir leid.

Wenn du zufällig in einer Sache sehr gut bist – ganz gleich, um welche Art von Fähigkeit es sich handelt –, ist es ratsam, dass du dir das nicht anmerken lässt. So wirst du dir zwei erhebliche Ärgernisse ersparen: bewundert zu werden und verachtet zu werden.

Du hast dein Leben nicht gewählt und trotzdem bist du dafür verantwortlich. Das ist das grundsätzliche Paradoxon, das die Lehren der Ethik, wenn sie es überhaupt einzuräumen wagen, niemals richtig auflösen.

Mach, dass jedes Unglück, dass dir zustößt, sich in eine Anklage gegen irgendjemand verwandelt. Das wird dir helfen, es auszuhalten.

Gehorsam ist Sicherheit.

Keine Hommagen, Mensch! Die Scheinheiligkeit ist eine Anforderung, die die Tugend dem Laster vorschreibt.

Und selten denken wir an die Tragödie – oder wenigstens das Drama – des Scheinheiligen wider Willen.

Fastenzeit-Gedanke: Das Fleisch ist traurig, hélas!* Ja, es ist traurig, aber das weiß es nicht.

Vorsicht! Enthüllt nie, was ihr meint zu sein. Das ist gefährlich. Denn die anderen können euch das, was ihr wirklich seid, entgegenhalten und der Vergleich wird unweigerlich zu euren Ungunsten ausfallen.

---

\* Übersetzung der Zeile von Stéphane Mallarmé: »La chair est triste, hélas!«

Die Schwächen unserer Nachbarn haben wenigstens einen Vorteil: Sie geben uns Gelegenheit, uns puritanisch zu fühlen, und sei es nur für einen Augenblick.

Denk nach – über dich, über die Welt, über irgend etwas – und du wirst dich anders als die anderen fühlen: Reflexion isoliert.

Heterodoxie ist immer Einsamkeit.

Oder umgekehrt: Einsamkeit ist immer Heterodoxie.

Vielleicht heißt die Alternative: Entweder einsam oder einträchtig.

Wir vergessen es oft – doch es ist keineswegs gesagt, dass die Opfer von Unrecht selber notwendigerweise gerecht wären. Manchmal verteidigt ihr, aus Liebe zur Gerechtigkeit, einen Verbrecher gegen einen anderen.

»Man muss alles ausprobieren«, wird mir oft geraten. Ich verzichte auf die unbequemen und auf die blödsinnigen Erfahrungen. Das disqualifiziert mich und schränkt mich für vieles ein, aber das ist mir herzlich egal.

Desertiere nicht: rebelliere – falls du kannst, natürlich.

Die Ehe ist die einzige legale und ehrenwerte Form der Komplizenschaft, die unsere Gesellschaft anerkennt.

Nicht nur die Angst ist, wie Stacius feststellte, der Ursprung der Götter, sondern auch ein gewisser Auflehnungsinstinkt. Parallel zum spontanen Bedürfnis zu beten gibt es auch das spontane Bedürfnis, Gott zu lästern.

Selbsterkenntnis: Erkenne dich selbst. So gewöhnst du dich allmählich daran, dich – im Geiste, versteht sich – mit einer gewissen Herablassung zu behandeln.

Manchmal spüren wir das Bedürfnis, etwas zu besitzen, gerade um es verlieren zu können.

Verlege dich nicht darauf, dein Leben zu improvisieren; du würdest Gefahr laufen, dass dich die »Inspiration« im entscheidenden Augenblick im Stich lässt.

Es ist entmutigend: Wir haben alle die gleichen Fehler!

Das Glück ist etwas – vielleicht eine Gelegenheit? –, woran nur die anderen teilhaben. (Dieses Prinzip kann von jedermann geäußert werden.)

»Änderst du dich? Dann bist du Wahrheit.« Dir selber treu zu sein heißt nicht notwendigerweise, deinen Sachen treu zu sein: deinen Ideen, deiner Ethik oder der Vorstellung von dir selbst, die deine Erfindung ist …

Machen wir uns nichts vor: Ehrlichkeit ist ein sehr kostspieliger Luxus.

Tue so, als interessierten dich die persönlichen Belanglosigkeiten, die dir dein Nachbar erzählt. Vielleicht gelingt es dir auf diese Art, dass auch er so tut, wenn du ihm deine erzählst. Am Ende werdet ihr Freunde sein, denn letztlich besteht die Freundschaft genau darin.

Die Habgier scheint mir weniger eine Verkommenheit als vielmehr eine Unvorsichtigkeit.

Sieh zu, dass du dich über niemanden empörst, weil er egoistisch, böswillig oder beschränkt ist. Du bist genauso wie er. Und ich auch.

Es ist besser zu sprechen, klar zu sprechen und alles zu sagen. Die Worte oder halben Worte, die im Körper verbleiben, verfaulen dort.

Anders betrachtet lautet das eigentliche Problem: Wann haben wir das Recht zu schweigen?

Es gibt Leute, die nehmen die Schicksalsschläge, die sie treffen, so hin, als hätten sie sie selber frei gewählt. Diese Art des Masochismus erhält meistens sehr ehrenwerte Bezeichnungen.

Der gute Wille, der gute Wille … Die Fanatiker, sieh doch, sind alles Menschen guten Willens.

Alle Aspekte, die an der Prostitution abstoßend sind, überragt ein wesentlicher: dass sie eine gnadenlos offenkundige Form der Simonie darstellt.

Die Zeit totschlagen … Dieser Ausdruck ist Programm: Er stellt uns die Zeit als Feind vor. Und vielleicht gibt es keinen anderen Weg zur Rettung.

Manchmal muss man aus Barmherzigkeit bösartig sein.

Gerade weil die Welt ungerecht ist, oder unvollkommen (wie ihr es nennen mögt), braucht der Mensch zum Leben Hoffnung. Klar, die Hoffnung ist nichts anderes als eine Art, den Leib zu täuschen – aber sie kann trösten oder zum Aufstand antreiben, der seinerseits nur eine andere Art der Tröstung ist.

Es gibt moralisch gesehen nichts Gesünderes, als den Teil an Recht klarzustellen, den wir unseren Feinden nie werden entreißen können.

Nicht jeder ist in der Lage, sich zu langweilen. Die Langeweile braucht eine ausgeklügelte Technik und eine ganz besondere persönliche Veranlagung. Im Wesentlichen muss man viel Vorstellungskraft haben, sie völlig ausschöpfen und schließlich Sehnsucht nach ihr empfinden.

Narziss war ein Müßiggänger. Wenn man nichts zu tun hat, neigt man dazu, sich selbst zu beobachten. Und vor lauter Selbstbeobachtung findet man sich am Ende bewundernswert, schön und sogar sehr würdevoll. Der Rest des Mythos ist genauso schlimm.

Den Feind lieben. Gut. Aber es wäre ideal, ihn lieben zu können und ihn trotzdem weiterhin als Feind zu betrachten.

Wir sind nur das nicht, was wir vorsätzlich nicht sind.

Oft suchen wir den Erfolg – irgendeine Art von Erfolg, selbst den absurdesten –, weil es uns nicht gelungen ist, glücklich zu sein.

Es gibt keine echte Liebe ohne ein wenig Gemeinheit in ihren delikatesten Episoden.

»Clara cum laude notitia«*: das ist der menschliche Ruhm nach der Definition des Hl. Thomas von Aquin. Keine Frage: darüber sollte man sich nicht den Kopf zerbrechen.

Oft sagen Menschen aus, etwas aus Unwillen oder Bescheidenheit nicht zu tun. Lasst euch nicht täuschen! Hinter dem Verzicht verbirgt sich allzu oft nichts weiter als schlichte Unfähigkeit.

Hypothetisch kann man jeder noch so edlen und uneigennützigen Handlung den einen oder anderen niedrigen Beweggrund unterstellen – in den meisten Fällen ist ein solcher Beweggrund auch gegeben.

Hoffe nicht und fürchte nicht, dann bist du vollkommen.

Dialektik-Regel: Seid laut, wenn ihr beim Diskutieren recht habt. Für gewöhnlich ist der, der kein nicht recht hat, auch laut. Und es geht ja nicht an, sich aus Wohlerzogenheit unterkriegen zu lassen.

Die richtig verstandene Nächstenliebe beginnt bei einem selbst; der richtig verstandene Hass auch.

Es wäre ungerecht, Galilei vorzuwerfen, dass er seine wissenschaftlichen Aussagen widerrief, um sein Leben zu retten. Letzten Endes bleibt eine Wahrheit – wenn sie wirklich eine ist – stets eine Wahrheit, ganz gleich, ob man für sie stirbt oder nicht, und aus intellektueller Sicht ist ein Märtyrer sowieso nie ein

---

\* Glänzende Bekanntheit mit Lob

Argument. Und darüber hinaus: für Galilei musste das eigene Leben mehr wert sein als irgendeine Wahrheit.

Heute wirkt der Ehebruch bereits wie etwas Geziertes.

Wer könnte sich von etwas Gesagtem wirklich lossagen? Wir widerrufen zwar unsere Worte, wenn wir es für nötig halten, aber es ist nur zum Schein.

Die Kunst, Inkonsequenz zu vermeiden: Statt Grundsätze zu wählen und daran das eigene Verhalten zu knüpfen, ist es besser, die Grundsätze von unserem Verhalten abzuleiten. Möglich, dass die Grundsätze dann nicht so hehr sind, aber auch dies ist ein Vorteil.

Man fühlt sich nur dann wirklich einsam, wenn man nichts hat, woran man denken kann – oder wenn man Angst hat, an irgendetwas zu denken.

Schlecht von anderen zu reden ist kein so schändliches Laster, wie man sagt. Während du es ausübst, gerätst du nicht in Versuchung, schlecht über dich selbst zu reden, und das wäre das schlimmere Laster.

Es ist eine Pflicht der Jungen, die Alten systematisch zu erschrecken, und sei es nur, um zu verhindern, dass sie völlig einschlafen.

Verweigert euch gegenüber allem, was sich aus Prinzip als unaussprechbar, geheimnisvoll oder einfach esoterisch definiert. Nachts sind alle Katzen grau.

Denk an etwas anderes, dann findest du Frieden.

Im Allgemeinen sind es nicht unsere Vorurteile, die dazu führen, dass wir auf die eine oder andere Weise handeln. Streng genommen sind es die Vorurteile der anderen, die dazu führen.

Manche unserer Fehler sind so stark in uns verwurzelt und wir empfinden sie so sehr als zu uns gehörig, dass wir nicht wagen, sie anzurühren aus Angst, es könnten Tugenden sein. Und wer weiß schon, ob Tugenden am Ende nicht genau das sind.

Nur mit dem Tod wirst du dich von dir selbst befreien. Finde dich also damit ab, niemals frei zu sein.

Was uns wirklich wehmütig macht, ist nicht so sehr die Sehnsucht nach der vergangenen Zeit als vielmehr das Aufgeben der künftigen – im täglichen Leben ist es für uns gar nicht leicht, das eine vom anderen zu unterscheiden.

Rate niemandem, etwas nicht zu tun, wenn du es nicht schon vorher selbst getan hast, und rate ihm auch nicht, etwas zu tun, wenn du es vorher schon selbst getan hast. Doch wenn es dir irgendwie möglich ist: Rate niemandem irgendwas.

Zwei Geschwister sind nie enger vereint – fühlen sich nie so sehr als Geschwister –, als wenn sie sich gegen ihren Vater verbünden.

Es gibt Augenblicke, in denen man sich selber unterlegen fühlt. Was für eine subtile, vertrackte Art der Eitelkeit!

Viele Dinge tun wir, um darüber reden zu können. Robinson war tugendhaft – nicht so sehr aus Mangel an Anlässen zum Fehlverhalten, sondern aus Mangel an Partnern für Gespräche und Bekenntnisse.

Noch einmal »nihil humani …*«: Ehrwürdig sind im Grunde die Menschen, die finden, dass es – bestimmte – menschliche Dinge gibt, die ihnen sehr wohl fremd sind.

Ein Mörder ist auch ein Werkzeug des Schicksals und der Naturkräfte.

Glaub mir, junger Mensch: Nimm dich nicht ernst! In deinem Alter verbringt man sein Leben damit, sich selbst zu beschummeln.

Miss jeden Menschen an seiner unwürdigsten Tat, aber behandle ihn mit der Achtung, die seine edelste Tat verdient. Das ist, wohlgemerkt, keine Doppelzüngigkeit, sondern Realismus und Sinn für Humor.

Clov. – Tu crois à la vie future? / Hamm. – La mienne l'a toujours été.** (S. Beckett, *Fin de partie*.)

Es ist nützlich, diese oder jene fixe Idee zu haben; das wird dich ablenken.

Das Leben kann dir alles verweigern, aber es wird dir stets eine Gelegenheit aufbewahren: die anderen verzweifelt verspotten zu können, und zwar zu Recht.

»Die Schläge des Freundes meinen es gut; aber die Küsse des Hassers sind trügerisch«***, lesen wir in der Bibel. Aber wir – wir alle – verabscheuen Schläge, und die Küsse rühren uns. Und alles in allem sind Schläge nicht gerade das einleuchtendste Zeichen von Freundschaft.

In dieser Welt ist offenbar jeder so lange ehrlich, bis er es nicht mehr ist.

---

\* s. o.
\*\* Clov: Glaubst du an das zukünftige Leben? – Hamm: Meines ist es immer gewesen. (S. Beckett: *Endspiel*)
\*\*\* Bibel, Sprüche, 27,6

Wenn es die Sünde gibt, dann ist alles Sünde. (Selbst – oder vor allem – die Theologie: den Namen Gottes zu missbrauchen.)

Wir handeln nur durch Instinkt vernünftig. Die meisten der Entscheidungen, die wir gründlich, wohlüberlegt und bei klarem Bewusstsein treffen, sind idiotisch oder einfältig.

»Und du, wozu lebst du, da du nichts hast und nichts erhoffst?« – »Um nicht zu sterben.«

Es ist wichtig, *für alles* den richtigen Augenblick abzupassen: für die Liebe, für den Erfolg, für das Unglück, für den Tod. Überstürzung oder Verzögerung können den Nutzen zunichte machen.

Selbst für die sinnlichsten Freuden gibt es eine intelligente Art, sie zu genießen.

Jede unerwartete Widerwärtigkeit ist eine Warnung: Du hast nicht das Recht, das zu erwarten, was du erwartest.

Sich töten zu lassen – aus welchem Grund auch immer: wegen eines Verbrechens, eines Ideals, einer Leidenschaft – ist trotzdem eine Art des Selbstmords, und es ist nicht richtig, das zu vertuschen.

Vorausgesetzt, ihr wollt darüber reden ...: *Sacra sacre tractanda.*\* Das heißt mit Schweigen.

Das Glück, so die Philosophen der Stoa, besteht darin, nichts zu wünschen; keinen Wunsch zu verspüren, würde ich noch präzisieren. Die Begierdelosigkeit ist ein Zustand der Vollkommenheit, vielleicht der einzige.

Spielen ist immer verlieren – zumindest die Zeit.

Ob zum Guten oder zum Bösen (meist zum Guten) – jede unserer Taten kommt über eine holzschnittartige Parodie unserer Absicht nicht hinaus.

Vaterschaft fördert Schwachsinnigkeit.

Die Gänse haben immer einen Schnabel gehabt. Die Epochen, die man als zutiefst verkommen einschätzt, übertreffen die übrigen nur in einer Verkommenheit: der Unverstelltheit.

Das Verantwortungsbewusstsein ist die einzige wirklich nützliche Art von Angst, die ich kenne.

---

\* Heiliges ist auf heilige Art zu behandeln

Die Wahrheit stimmt mit der Gerechtigkeit nicht immer überein, sei gewarnt.

Nur Menschen mit wenig Sinnlichkeit können ohne Mühe vollkommen materialistisch sein.

Ich bin weiterhin davon überzeugt, dass jedes Dilemma unwahr ist: eine Falle, um euch zu zwingen, etwas zu tun oder zu akzeptieren, das euch widerstrebt.

Der Schmerz ist nur dann empörend und widerwärtig, wenn er uns sinnlos scheint. Allerdings ist, wer ihn erleidet, der Meinung, dass er immer sinnlos sei.

## Werke und Tage

Schreiben – Literatur produzieren – ist ganz gewiss all das, was Sie sagen, und obendrein eine Art von Rache.

Eine der Gefahren, denen sich der Künstler aussetzt, besteht darin, *Vorreiter* zu werden. Das entspricht einem Epigonen, der vor der Zeit geboren wurde.

Macht euch nichts vor, liebe Konzertbesucher: Die Musik – jede Musik, von Palestrina oder Bach bis Armstrong oder Strawinsky – ist zum Tanzen oder Singen da.

Piero della Francesca wäre ein genial vollkommener Maler, wenn er in der Lage gewesen wäre, ein Lächeln gut zu malen.

Claudel ist Victor Hugo, aber schlechter und orthodox.

Jedes Wort ist als solches schon eine Umschreibung.

Manche ironische Stellen bei Josep Carner* vermitteln mir den Eindruck, dass er, der Dichter, die müde Eleganz dessen besitzt, der »alle Bücher gelesen« hat und es trotzdem unterhaltsam findet – es *als einziges* unterhaltsam findet – noch auf eigene Faust weiterzuschreiben.

Ich habe noch keinen begeisterten Nietzsche-Leser getroffen – und davon gibt es einige! –, der als Mensch keine Lachnummer wäre.

Das Schlimmste am Plagiat ist nicht, dass es ein Diebstahl, sondern dass es eine Redundanz ist.

---

\* Josep Carner (1884–1970), bekannter katalanischer Dichter

Man sollte es zugeben: »bewundern« – also Bewunderung für einen Menschen oder eine Sache empfinden – ist eine sehr mühselige Angelegenheit und über längere Zeit recht langweilig.

Das Gegenteil eines guten Malers (oder eines schlechten Malers) ist nicht ein schlechter Maler (bzw. ein guter Maler), sondern Picasso.

Die Literatur ist ein kleinbürgerliches Vorurteil. (Josep M. Castellet*, dem ich dies mitteile, antwortet mir, dass dies ein kleinbürgerlicher Gedanke sei. Mag schon sein, dann liege ich umso richtiger.)

In der Kunst, wie in jeder anderen Tätigkeit, sollte man so lang wie möglich nachahmen. Erst wenn es nicht anders geht, ist es vertretbar, originell zu sein.

Das Absurde, uralte Muse, die in keinem Katalog vorkommt …

Die verachtenswertesten und widerlichsten literarischen Genres können auf geniale Weise bedient werden. So das Melodram durch Shakespeare, der Schundroman durch Dostojewski, die Philosophie durch Hegel und die Posse durch Aristophanes.

Ratschlag an mich selbst: Möge jedes deiner Worte wenigstens ein Widerstreben sein.

Die Musik von Vivaldi ist reines Gespräch.

Der große Künstler ist sein Leben lang ein fleißiger Lehrling seiner selbst.

Das Geheimnis von André Gide besteht darin, dass er seine Pubertät bis ins achtzigste Lebensjahr dauern ließ.

Wenn Kohelet ehrlicherweise so pessimistisch gewesen wäre, wie er sagt, hätte er sein Buch nicht geschrieben.

Tod eines Goethe-Anhängers: Man sagt, dass Thomas Manns letzte Worte »Wo ist meine Brille?« gelautet haben. Dieser Ausruf ist den Worten »Mehr Licht!« praktisch ebenbürtig (August 1955).

Joan Miró hat etwas Heiliggeistmäßiges. (Oder: Wenn der Heilige Geist malen würde, täte er es wie Joan Miró.)

---

* Josep M. Castellet (1926–2014), einflussreicher katalanischer Literaturkritiker und Verleger

Es gibt eine Art Schriftsteller, die man definieren könnte als »Herren, die noch nie Platon gelesen haben«. Zum Beispiel Pío Baroja.*

Liszt: Ein heiliger Redner.

In jedem Roman ist stets die Hälfte überflüssig.

Das Werk Franz Kafkas neigt zu dem, was man früher »philosophisches Märchen« nannte. So seltsam es erscheinen mag, steht er in der Linie von Swift und Voltaire, des *Don Quixotte* und mancher jüngeren Fabeln des Typs *Brave New World*. Wobei man allerdings vorausschicken muss, dass hinter Kafkas »philosophischen Märchen« weniger eine Philosophie als vielmehr eine Verwüstung steckt.

Sagt der Dichter wirklich das, was ich beim Lesen verstehe? Ganz gleich. Er macht, dass ich etwas verstehe. Und wenn es nicht das ist, was er sagt, so doch das, was ich mir gerade selber sagen wollte.

Eugeni d'Ors?** Aber ja! Das ist doch dieser greise französische Rechtsintellektuelle!

Über den literarischen Stil: Die Einfachheit ist nicht immer mit der Präzision vereinbar.

Mozarts große Überlegenheit wurzelt darin, dass er noch ein italienischer Musiker war.

»… aboli bibelot d'inanité sonore …«***: Ist vielleicht die abstrakte Malerei im Grunde reine, plastische Nichtigkeit?

In den allermeisten Fällen ist die moderne katalanische Literatur eine Literatur, die von zufriedenen, sesshaften, nicht betrogenen Ehemännern geschrieben wird – und von Priestern. Deshalb ist sie entschieden fad und, vor allem, wiederholsam.

Wahr ist, dass der Jazz mit all seinen Ersatzprodukten und Abwandlungen uns alle ein wenig schwarzhäutig gemacht hat.

---

\*   Pío Baroja (1872–1956), spanischer Schriftsteller, Mitglied der Generation von 98
\*\*  Eugeni d'Ors (1881–1954), katalanischer Schriftsteller und Philosoph
\*\*\* »abgeschaffter Tand aus klingender Nichtigkeit«, bekannte Zeile aus Mallarmés Sonett »Ses purs ongles …«

Bei allem Respekt – Marcel Proust erscheint mir als die genaue Entsprechung des Kaugummis in der Literatur.

Adjektive sind immer subjektiv.

Shakespeare: Die beste Passage aus *Romeo und Julia* ist die Ouvertüre von Tschaikowski.

Und wer weiß, ob es nicht am Ende Romeos Schicksal gewesen wäre, ein gehörnter Ehemann zu sein.

Beschreiben ist inventarisieren: eine untergebene Tätigkeit von Notaren oder schlechten Romanautoren.

Vorsicht mit jenen, die schlecht über Descartes reden! Am Ende machen sie Propaganda für Pascal, und ihr wisst schon, was das bedeutet.

Ein Attribut für die Malerei von Hieronymus Bosch: ausschweifend.

Es gibt literarische Stilarten, die mit der Schreibmaschine unvereinbar sind.

Verwendet man einen etwas suggestiven Wortschatz, ist die Philosophie *beinahe* eine Frage der Syntax, so wie die Poesie *beinahe* eine Frage der Prosodie ist.

Die Kultur nach ihrem Nützlichkeitsgrad zu bewerten, das wird, so wie sich die Dinge entwickeln, am Ende vielleicht der einzige Weg sein, sie zu retten.

Wir schreiben in Gedanken an unsere Feinde – sei es, um sie zu bekehren oder um sie zu zersetzen.

Rameaus Cembalo hat Zahnweh.

Mögen die heutigen Künstler sagen, was sie wollen, und auch die Kritiker – das Wesentliche eines Bildnisses ist die Ähnlichkeit, die physische Ähnlichkeit. Aber es ist auch wahr, dass dies – also die physische Ähnlichkeit – nur für das Modell und die nächsten Verwandten von Belang ist.

Ich bewundere das Werk von Salvador Espriu sehr. Es gibt andere, gewichtigere Gründe, aber auch deshalb, weil er in eine Literatur mit so viel hellenistischem Anspruch wie die katalanische des frühen 20. Jahrhunderts ein wenig Semitismus hineingebracht hat..

Jemand hat einmal angemerkt, dass noch nie ein Denkmal für einen Kritiker errichtet wurde. Vielleicht ist dies ein weiterer Grund für die Kritiker, sich in ihrer Berufung bestärkt zu fühlen.

Joyce: Den *Ulysses* konnte nur ein pervertierter Gläubiger schreiben, ein verkommener Ex-Schüler einer Klosterschule.

Mauriac sagt, dass das Ziel der Romanliteratur »die Erkenntnis des Menschen« sei. Allenfalls des Menschen, der sie schreibt, denke ich mal.

Es ist erstaunlich, wieviel Blödsinn wir auf eigene Faust von uns geben können – und, noch schlimmer, mit bestem Gewissen –, indem wir uns auf irgendein Zitat eines berühmten Autors berufen.

Musikästhetisches Thema: Herausfinden, ob das b als Vorzeichen tatsächlich Ausdruck des Schmerzes ist, wie Schopenhauer behauptete, oder ob es nicht vielmehr den Hunger oder den kategorischen Imperativ ausdrückt.

Ich denke, dass die Dichtung, die es für unsere Zeit zu schreiben gilt, eine von Zorn oder Sarkasmus getriebene Dichtung sein müsste. Oder einfach nur vom Zorn, denn der Sarkasmus ist ja nichts anderes als Zorn, der durch Hinterlist abgemildert wird.

Montaigne: Bezogen auf seine Schriften, sagte er: »Mes songes que voici…«*. Hätte er nicht besser sagen sollen: »Mensonges que voici…«**? Und wie Montaigne, alle anderen auch. Schreiben ist etwas vorspielen.

Vorlieben: Picasso oder die Wirklichkeit. Miró oder die Freude. Klee oder die Stille. Chagall oder die Wahrheit.

Wenn ihr in der Lage seid, Huxley in hoher Dosierung zu lesen, werdet ihr ihn euch schließlich als furchterregende, unablässige, produktive, wundersame, unnütze Denkmaschine vorstellen.

Das Schlechte an Wagner ist, dass er uns unvermeidlich als Lügner erscheint.

Herr Navarro Costabella*** sagte – oder man sagt, er habe es gesagt –, dass der größte bekannte Romanschriftsteller Tolstojewski sei. Das hängt allerdings vom Blickwinkel ab, denn genauso gut könnte es sich um den schlechtesten handeln.

Wir haben die Archäologie erfunden und müssen nun die Folgen davon tragen, ich meine: einst ihr Objekt zu sein.

---

\* »Meine Träume, die hier vorliegen«
\*\* »Lügen, die hier vorliegen«
\*\*\* Josep Navarro i Costabella (1898–1949), katalanischer Romancier

Mit guten Gefühlen entsteht schlechte Literatur, mit bösen Gefühlen auch. Im Allgemeinen entsteht immer schlechte Literatur – vor allem auf der Grundlage von Gefühlen.

Die Unmenge an Blödsinn, den Baudelaire in Versform geschrieben hat, ist beeindruckend. Das hättet ihr nie gedacht!

Glaubt mir, denn es ist eine von Herzen kommende Empfehlung: Lest Bertrand Russell. Das ist kein Philosoph, das ist ein Desinfektionsmittel.

Die Wahrheit ist die: dass Fortuny\* ein großer Maler ist und Salvador Dalí nicht.

Sie wissen ja: In der Dichtung gibt es Theorien, die auf Inspiration setzen, und andere, die der Berechnung den Vorrang geben. Es gibt gute *inspirierte* Dichter und gute *berechnende* Dichter. Allerdings ist, genau betrachten, die Inspiration nichts weiter als Berechnung, die aber so schnell und auf derart geheimnisvolle Weise automatisch erfolgt, dass sie uns kaum wie Berechnung erscheint.

Es gibt nur eine ernsthafte Art zu lesen, nämlich wiederlesen.

Musiker, also das, was man einen echten Musiker nennt, mit Musik im Blut, das ist Mozart, das ist Chopin, das sind Ravel und Corelli und Tschaikowski und Telemann und Vivaldi und selbst Mendelssohn: aber weder Bach noch Beethoven noch Wagner noch Debussy noch Strawinsky.

Interessant: Platon war ein großer Leser von Aristophanes. Man fand einige Werke des unbotmäßigen Komödienschreibers im Sterbebett des Philosophen unter dem Kissen. Es ist schade, dass Kant, Hegel oder Heidegger nicht die gleiche literarische Vorliebe hatten.

Das Risiko der Exegese: dass der Kritiker sich am Ende einbildet, dass das von ihm besprochene Werk einzig dazu geschrieben wurde, dass er seinen Beruf ausübt.

Es ist in der Tat wahrscheinlich, dass Picasso eine Phase des Niedergangs erreicht hat, wie manche Kritiker behaupten. Wer sollte sich denn darüber empören? Es ist ein Recht, das sich der alte Maler redlich verdient hat.

---

\* Marià Fortuny i Marsal (1838–1874), katalanischer Maler

Walt Whitman hatte die Eigenschaft, die Schäbigkeit in den schäbigen Dingen nicht zu sehen. Deshalb konnte er Gesänge an sich selbst, an die Menschenmengen und an sein Land verfassen.

Nein, der einfältige Bürger als Edelmann hatte keinen Grund, überrascht zu sein. Er sprach keine Prosa. Niemand spricht Prosa, ohne es zu wissen, also ohne es zu können. In Wirklichkeit sprechen nur Vortragsredner Prosa.

Ich habe den Chorgesang der neunten Symphonie nie als Musik gehört, sondern als das, was er wirklich ist: eine Hymne. Allerdings bin ich mir nicht sicher, dass er mir je als Hymne an die Freude erschienen ist – ich glaube eher, als Hymne an etwas anderes, weiß nicht genau, jedenfalls etwas Edleres.

Neoscholastik: Maritain* (also Maritain und die anderen) erinnert mich an jene Empfehlung aus dem Evangelium, keinen Flicken aus neuem Stoff auf ein altes Kleid anzubringen, weil man dadurch den Flicken verliert, dazu das Kleid und letztlich auch die Zeit.

Die Bücher ersetzen nicht das Leben, aber das Leben auch nicht die Bücher.

Alle Verse sind schon geschrieben. Lasst uns also über Poesie reden.

Schaut euch dieses schöne Antlitz der Nofretete oder den David von Michelangelo an oder den Körper von Frau Cayetana**, der hier nicht hergehört. Oh Tod, wo ist dein Sieg?

Goethe ist furchtbar – wie ein Berg oder ein Platzregen.

Bei Dostojewski ist es schwierig, genau zu sagen, wo das Christentum endet und wo die Folgen der Epilepsie beginnen (oder umgekehrt).

Von gewissen Blickwinkeln aus gesehen, ist auch *Das Kapital* – mal als Beispiel – Literatur für die Zerstreuung. Es ist immer nur die Frage, wovon man sich ablenken will.

Ein glücklicher Mensch verspürt nicht den Drang, sich auszudrücken.

---

\* Jacques Maritain (1882–1973), französischer Philosoph
\*\* Gemeint ist María del Pilar Teresa Cayetana de Silva Álvarez de Toledo, Herzogin von Alba (1762–1802), die von Goya mehrmals gemalt wurde und angeblich auch das Akt-Modell für *Die nackte Maja war* (was jedoch als widerlegt gilt).

Verse, die das Glück in der Liebe besingen, sind später geschrieben worden, in einer Phase der Langeweile oder der Verzweiflung – eben um diese zu überwinden.

Als Stendhal voraussagte, dass man sein Werk erst um 1890 herum verstehen würde, hätte er gleich hinzufügen können, dass man es um 1990 herum nicht mehr verstehen würde.

Als Gegner der modernen Welt und ihrer angeblichen Verirrungen erweckt Papini – der Papini von *Gog* und *Il libro nero* – den Eindruck eines kleinen Hundes aus der Luxuswelt, frech, lustig, lärmend, der bellt, aber nicht beißt und der einem vor allem mit der Zeit lästig wird mit seinem unnützen und enervierenden Spiel.

Genau betrachtet haben sich die wichtigen Dichter in Wirklichkeit schon immer darauf beschränkt, Verse an den Mond zu schreiben.

Bei den Akt-Statuen von Rodin merkt man, dass es sich bei der Kleidung, die gerade abgelegt wurde, um die schändlichen industriellen Textilien des 19. Jahrhunderts handelt: auf der gemeißelten Oberfläche findet sich so etwas wie der Abdruck von billigen Unterhemden.

Poe – das sagte er selber – war von Natur aus künstlich. Die meisten von uns versuchen – wie erbärmlich! – natürlich zu sein oder so zu wirken, und das unter Einsatz von viel Künstlichkeit.

Renan: Eine Nonne. Allerdings ungläubig und gelehrt. (Ich frage mich, wie ich auch nur eine Stunde damit verlieren konnte, ihn zu lesen.)

Die Metaphern – die guten Metaphern – sind nichts anderes als unerwartete Definitionen: Man sagt dasselbe, aber als Überraschung. Es ist eine Art, die Trivialität des Gesagten zu vertuschen, deshalb machen die Dichter reichlich Gebrauch davon.

D'Annunzio war persönlich die unaufrichtigste Figur seines eigenen Schrifttums. Und das will schon etwas heißen!

Es wäre vielleicht überzogen zu sagen, dass die anonymen Straßenmusiker von New Orleans in direkter Linie von Frescobaldi oder Pergolesi abstammten; aber man wird mir zumindest abnehmen, dass Cole Porter und Irving Berlin Kinder von Puccini sind.

Die oberste Pflicht eines Schriftstellers ist, dass er es schafft, gelesen zu werden.

Bei einer – ziemlich perfekten – statistischen Berechnung, die die Gesamtsumme der katalanischen Literatur einschließt, die seit der Renaixença* geschrieben wurde, komme ich in Bezug auf die Themen zu folgenden Zahlen:
- a) 60 Prozent sind eine mehr oder weniger akademische Verarbeitung der Verse von Verdaguer, die da lauten:
    Alles sei für Euch
    süßestes Jesulein;
    alles sei für Euch,
    liebevoller Jesus.
- b) 30 Prozent behandeln die Landschaft des Empordà**.
- c) die restlichen 10 Prozent beschäftigen sich mit den üblichen Themen jeder zivilisierten Literatur.

Goethe nachahmend: Es gibt nichts Erhabenes, das, auf bestimmte Weise ausgedrückt, nicht humoristisch erschiene.

De Sade, Maldoror & Co. haben mich nie wirklich interessiert. Die systematische Ungeheuerlichkeit scheint mir zu billig und zu langweilig.

Es gibt Maler, die umso größere Maler sind, je schlechter sie malen. Zum Beispiel der Goya der Schwarzen Serie. Aber dieses Phänomen stellt sich nur ein, wenn es sich von vornherein um große Maler handelt.

Ich beneide Carles Riba*** sehr, falls er wirklich so glücklich ist, wie er es in seinen Versen darstellt.

Seltene Lektüre entfernt uns vom Leben, häufige bringt uns ihm näher.

»Das Leben ist kurz und die Kunst erweist sich als lang …«****, so übersetzte Ausiàs March*****. Also ist »Eile mit Weile« gar nicht ratsam. Eher: entweder mit Eile oder ganz verzichten.

---

\* Renaixença: »Wiedergeburt« der katalanischen Literatur im 19. Jahrhundert; der wichtigste Vertreter war Jacint Verdaguer (1845–1902)
\*\* Empordà: Gegend im Nordosten Kataloniens von besonderer landschaftlicher Schönheit.
\*\*\* Cales Riba (1893–1959), katalanischer Lyriker und Übersetzer
\*\*\*\* Das Zitat, das Goethe auch im Faust verwendet (»Die Kunst ist lang! Und kurz ist unser Leben«) geht auf Seneca zurück, der seinerseits Hippokrates zitierte.
\*\*\*\*\* Ausiàs March, valencianischer Dichter (auf Alt-Katalanisch, 1400–1459)

Es gibt enervierende Klaviere: z. B. das von Debussy.

Die zwei größten Dichter spanischer Sprache im 20. Jahrhundert sind aus Amerika: der eine, natürlich, Pablo Neruda; der andere jener Herr – ich erinnere mich gerade nicht, wie er hieß, ein italienischer Nachname, glaube ich –, der die Liedtexte für die Tangos von Carlos Gardel schrieb.

Anders gesagt: Die Geschichte der Philosophie ist jenes Kapitel der Geschichte der Literatur, in dem man die unlesbaren Bücher unterbringt.

Es gibt, wie es scheint, viele Arten von Romantik. Henry Miller, zum Beispiel, ist ein Romantiker, genauer gesagt eine Art romantischer Pietro Aretino – ein trauriger und anarchistischer Aretino. Nicht alle Romantiker sind Romantiker aus dem Herzen, manche sind es aus dem Unterleib.

»Was bleibet aber, stiften die Dichter«*. Das versichert ein Dichter, natürlich.

Generalregel: »Manchmal widerspricht sich Zapata, wie alle Schriftsteller, die man Essayisten nennt …« (M. Menéndez Pelayo, *Orígines de la novela* [Ursprünge des Romans], Kap. IX).

Ich weiß nicht, warum, aber Mendelssohns Violinkonzert lässt mich an Shelley denken.

Paul Valéry: Ja, selbstverständlich, ganz Ihrer Meinung. Aber Diamanten sind nicht essbar.

Nach der Lektüre von Lukács hat man den Eindruck, dass es sehr schwer ist, Literatur zu schaffen, ohne dem Kapitalismus in die Karten zu spielen. Und das Schlimme daran: es stimmt.

Für einen Schriftsteller kann Galle eine gute stilistische Zutat sein.

## Für einen, für viele

*Quis custodiet ipsos custodes? That is the question! Et tout le reste est littérature…*\*\*

---

\*   Verszeile von Friedrich Hölderlin
\*\*  Wer wird die Wächter selbst überwachen? Das ist die Frage! Und der ganze Rest ist Literatur …

»Befehlen« ist gleich »verachten«. (Und, obendrein: Wer zahlt, schafft an – wer zahlt, befiehlt.)

Nur wenn ihr die Geschichte als fortwährenden Vorgang der Sühne anseht, wird sie euch nicht mehr absurd und verbrecherisch vorkommen. Aber natürlich wird euch dann der Akt der Sühne als solcher so vorkommen.

Wenn die Menschenmengen gewalttätige, schamlose, blinde Tiere sind, dann ist das so, weil sie aus Individuen zusammengesetzt sind, die ungefähr so sind wie jeder von uns.

»No surgen las ideas de los puños«.\* Das ist offensichtlich. Aber unsere Ideen verändern sich durch die Faustschläge. Vor allem wenn wir diejenigen sind, die sie abbekommen haben.

Frankreich: In Wirklichkeit ist die Marseillaise nichts anderes mehr als das regelmäßige Aphrodisiakum von Monsieur Chauvin.

Auf jeden Fall liegt immer noch ein merklicher Gewinn in dem Schritt, die Arbeit nicht mehr als Strafe, sondern als Ware anzusehen.

Sicher habt ihr schon oft jenen Grundsatz gehört, der besagt, dass »der Zweck nicht die Mittel heiligt«. Betrachtet aber mal, wer ihn ausspricht: Ihr werdet sehen, dass es sich in den allermeisten Fällen um einen Herrn handelt, der bequem im Sessel sitzt, der sich nicht daran erinnern will, wie er dorthin gelangt ist, und noch weniger will, dass man ihn zum Aufstehen zwingt.

Als Faruk von Ägypten entthront wurde, sagte mir ein Handlungsreisender sehr weise: »Heutzutage noch König zu sein, ist ein Irrtum.«

Kriege, Hunger, Unterdrückung … Die täglichen Verbrechen unserer Gesellschaft sind so ungeheuerlich wie sie sich wiederholen. Das größte von allen jedoch ist, dass wir uns daran gewöhnt haben bis zu dem Grad, dass wir uns aus Gleichgültigkeit zu Komplizen machen.

»Der Besitzer, dieses prähistorische Tier …«. Wie wahr.

Die großen Liebenden – jene, die sich die Ehre der Dichtung oder der Annalen verdient haben (Romeo und Julia, Paolo und Francesca, Hero und Leander, Aga Khan und seine Damen usw.) – sind in der Regel wohlhabende Leute. Die Liebe ist eine Übung für Reiche, zumindest für Müßiggänger.

---

\* Die Ideen entstehen nicht aus den Fäusten

Wer Sprache hat, kommt aus Rom.

*Cogito ergo sumus.*\* Was soll man machen.

Es gibt zwei Arten von Christen – und überhaupt zwei Arten, jedwede Ideologie zu betreiben: Es gibt diejenigen, die mit Vorliebe daran erinnern, dass »wer nicht mit mir ist, der ist wider mich« (Matth. 12, 30), und die, welche glauben, dass »wer nicht gegen euch ist, der ist für euch« (Luk. 9, 50).

Das Verlockendste an den Revolutionen ist, dass man nie weiß, wohin sie führen können.

Es ist weder willkürlich noch grundlos, welche Sünden – oder Laster – von der herkömmlichen Ethik verurteilt werden. Wenn ihr sie genauer betrachtet, werdet ihr merken, dass sie alle auf gesellschaftlicher Ebene letztlich antiökonomisch sind.

Die Idee der Gerechtigkeit ist die zersetzendste, die der Mensch hervorgebracht hat. Mit ihr wagt er es, Gott zu trotzen, die Gesellschaft umzuwälzen und den Nachbar zu ermorden. Aber man muss zugeben, dass der Mensch ohne sie in der Tat nichts wäre als ein trauriges, verkommenes Opfer.

Die Geschichte Italiens ist eine wunderschöne Oper, Was für Tenöre! Welche Bühnenmaschinerie! Was für Szenen! Und diese Herzen!

In jedem historischen Augenblick sind alle als »verlorene Sachen« erlebten Ziele aus demselben, tiefen Grund verloren, und das macht sie solidarisch. Von dem Tag an, an dem ihre Anhänger das begreifen, werden sie zur gewinnbaren, wenn nicht sogar zur gewonnenen Sache.

Mehr, als dass er voraussagt, provoziert der Prophet.

Ein Prophet ist ein empörter Mensch. Deshalb werden nur Katastrophen geweissagt.

»Jerusalem, Jerusalem …«: Nehmen wir einmal an, das Volk würde seine Propheten nicht steinigen – was würde geschehen?

Andererseits erinnert sich die Geschichte nur an die Propheten, die richtig lagen.

---

\*　Ich denke, also sind wir

Über das Schicksal der abendländischen Zivilisation usw.: Ich weiß nicht, wieso – sicherlich weil ich an einen gewissen Punkt des Überdrusses angelangt bin, des Überdrusses an ... an all diesem da, ich brauche nicht zu spezifizieren. Es ist jedenfalls so, dass ich gewaltige Lust verspüre, ein Gedicht zu schreiben, das folgendermaßen beginnt:

> O Herr, schick uns die Barbaren!
> Mach nicht, dass wir sie noch mehr verdienen!

*Mutatis mutandis*: Fürchtet den Menschen, der eine einzige Zeitung liest (Hl. Augustin).

Das Übel Europas ist, dass es noch Millionen Jakobiner gibt, die zivilisiert werden müssen.

Der Sklave lehnt sich selten auf. Ein Mensch, der tief im Elend steckt, im absoluten Elend, neigt zum Selbstmord oder zur Resignation. Der Aufstand, selbst der soziale Aufstand, ereignet sich nur, wenn die Unterdrückten beginnen, keine mehr zu sein. Das heißt: wenn der Unterdrücker etwas nachgelassen hat, sei es aus Fahrlässigkeit oder aus Güte.

Vielleicht ist das Widerwärtigste an der Vorgehensweise von herrschenden Völkern, dass sie bei den beherrschten Völkern das Schauspiel der eigenen Mittelmäßigkeit durchsetzen. Der Fall Roms ist nicht der einzige.

Staatlich gelenkte Literatur: Da »man nicht verhindern kann, dass ein Vogel singt«, ist es ratsam, ihm das Singen nach Noten beizubringen.

Natürlich gehört dieser Herr da, der empört gegen die Demagogie aufschreit und protestiert, nicht zum *demos*.

Oft hat man das Kino als »Kunst der Massen« bezeichnet. Es wäre besser, es »Kunst gegen die Massen« zu nennen. Alle Tyranneien unserer Zeit – *nec nominetur*\* – haben die verblödende Macht des Kinos genutzt, um die soziale und menschliche Empfindlichkeit der Zuschauer abzustumpfen. Das kapitalistische Kino ist ganz genau das Opium fürs Volk. Das Propagandakino stellt eine andere Art von Opium dar, mit gleicher einschläfernder Wirkung, aber ohne angenehme Träume.

Gewalt erzeugt Gewalt. Aber vergesst nicht: Auch Toleranz erzeugt Gewalt. Und Verzweiflung erzeugt Gewalt, und vor allem: Die Wahrheit erzeugt Gewalt.

---

\* Möge es gar nicht genannt werden

Antigones Fehler war, dass sie nicht bedachte, dass die Götter sich im letzten Augenblick auf die Seite der etablierten Mächte stellen.

Totalitärer Staat – ist das nicht eine Tautologie?

Die religiösen Verfolgungen in manchen Ländern haben etwas von einem Mord aus Leidenschaft: »Ich hab sie getötet, weil sie mein war …«

Es ist gut, das Heldentum zu diskreditieren, denn ein Held ist immer eine gefährliche Bestie und ein entmutigendes Beispiel. Aber es kann auch gefährlich sein, sich jeglicher Heldentum-Reserve zu entledigen. Solange der Feind nicht dasselbe tut – sich also nicht entheldet – ist es zuträglich, die eigenen Helden zu pflegen. Und sei es nur, um sie den gegnerischen Helden entgegenzustellen, wenn es darauf ankommt.

Ich weiß nicht, warum man sie Wörter *plebs*, *plebejisch* mit einer abwertenden Bedeutung auflädt. Ich bin plebejisch und halte mich keineswegs für verachtenswert.

Über die historischen Ursprünge des Streiks: Einen gab's in Griechenland. Aristophanes verzeichnet ihn in *Lysistrata*. Es war ein Streik der Geschlechtsorgane.

»Salus ex judaeis est«*. Vielleicht sagten sie das wegen Marx.

Von dem her zu schließen, was vertrauenswürdige Beobachter berichten, pflegen Engländer eine Karikatur von Engländern zu sein.

Ich finde es seltsam, dass viele von jenen, die Napoleon loben und bewundern, Ramon Cabrera** hingegen geringschätzen und tadeln. Schließlich finde ich zwischen beiden als Menschentypen – natürlich nicht als Anhänger von Ideologien oder als Fachleute für Strategien – nur einen nennenswerten Unterschied: dass Napoleon mehr Menschen umgebracht hat (oder hat umbringen lassen).

Wenn man einst die Verdienste des Grolls nachzählt, wird man sehen, dass sie nicht so unbedeutend sind. Ohne Groll besäßen wir weder die Revolution noch die Nationalismen noch den besten Teil der *Göttlichen Komödie*.

Die Gesetze machen diejenigen, die in der Lage sind, sie einzuhalten – und zwar nur, weil sie dazu in der Lage sind.

---

\*   »Das Heil kommt von den Juden« (Johannes-Evangelium)
\*\*  Ramon Cabrera (1806–1877), Heerführer der Karlisten

Außerdem haben alle Gesetze ein- und dasselbe Ziel: den Kauf und Verkauf von Waren zu schützen – und das erklärt alles.

Es war wirklich nötig, dass diese Atombomben erfunden wurden. Es war schon allzu lange her, dass die Menschheit einen ihrer ältesten Bräuche aus der christlichen Zivilisation verloren hatte: den Glauben an ein unmittelbar bevorstehendes Ende der Welt; jetzt können wir ihn wiederaufnehmen.

Engagierte Literatur: Ich habe den Eindruck, dass alles, was nicht Literatur des Grolls ist, nur Einverständnisliteratur ist.

Illustre Glaubenslehrer halten es für ausgemacht, dass die Knie des Menschen ausschließlich, oder im Wesentlichen, den Zweck haben, dass er niederkniet. Wie zu erwarten ist, leiten sie davon strenge politische und religiöse Theorien ab.

Ein Politiker ist entweder Opportunist oder er ist kein Politiker.

Im Krieg, in jeder Art von Kampf, versucht jede der Seiten dasselbe zu tun, was nach ihrer Annahme die Gegenseite auch tun würde. Diese Annahmen, das ist klar, pflegen ausgesprochen verurteilungswürdig zu sein. Man beruhigt sich jedoch damit, dass man denkt, dass es ja keine Sünde sein könne, das zu tun, was die anderen tun. Wobei dieses »was die andern tun« in Wirklichkeit ein uneingestandenes »was ich tue« ist.

Alle Menschen sind liberal bis zu einem bestimmten Punkt, und ich kenne auch keinen Anarchisten, der nicht immer nur bis zu einem bestimmten Punkt Anarchist wäre.

Ich bin mir nicht besonders sicher, ob wir Europäer die Großeltern der Nordamerikaner sind oder ob wir vielmehr bald deren Enkel sein werden.

Die große Glückseligkeit des Bourgeois ist, dass er Bourgeois ist, ohne es zu merken.

»Gehüllt in Lumpen, verachtet es, was es nicht kennt«, sagte Antonio Machado über Kastilien. »Sie pflegen über das zu lachen, was sie nicht verstehen«, behauptete Joan Maragall* von den Katalanen. Stelle ich beide Übel gegenüber, weiß ich nicht, welches schlimmer ist. Von den *Lumpen* mal abgesehen, natürlich.

---

\* Joan Maragall (1860–1911), katalanischer Dichter und Klassiker der Moderne

Das wahre Ziel eines Krieges ist nicht der Frieden, der ihm folgt, sondern ein weiterer Krieg.

Beim Besitz wie in der Liebe – die ja nur eine Form des Besitzes ist – ist das Wesentliche nicht so sehr, sich an dem zu freuen, was man besitzt oder liebt, sondern zu verhindern, dass ein anderer sich daran freut. (Man könnte auch sagen: »In der Liebe und beim Besitz – der ja nur eine Form der Liebe ist –, ist das Wesentliche« etc.)

Wer bereit ist, für ein Ideal zu sterben, ist im Grunde ebenso bereit, für dieses Ideal zu töten. Alle Lehren, die mit Märtyrern beginnen, enden mit einer Inquisition.

Keiner ruft nach Freiheit – außer, um sich auf die eine oder andere Weise unsittlich zu benehmen.

Es hat immer Tyranneien gegeben; es ist fast sicher, dass es sie immer geben wird. Am erträglichsten sind solche, die nicht im Namen hoher Prinzipien errichtet werden.

Die einzige echte und positive Politik ist die, die unsinnigerweise als »Glockenturmpolitik« verschrien ist: die Politik der konkreten Probleme und der kleinen Leidenschaften. Die andere Politik – die hohe – ist nur Romanstoff: halb Rhetorik, halb Abenteuer; häufig katastrophal, im besten der Fälle unnütz.

Es ist nötig, das Verweigern des Kriegsdienstes zu fördern, und zwar nicht nur gegen den Krieg, sondern auch – vor allem – gegen bestimmte Arten des Friedens.

Es ist gut, sich mit einem Stamm verbunden zu fühlen: es ist eine Art und Weise, Tote, Götter und Kinder zu haben, ohne sie selber erzeugen zu müssen.

Blickt man auf die Geschichte, kann man zu dem Schluss kommen, dass die Deutschen die Kriege – und so viele davon! – begonnen haben nur aus der Lust, besiegt zu werden.

»Für die Reichen ist es genauso schwierig, Weisheit zu erlangen, wie für die Weisen Reichtum.« Das sagte Epiktet, der arm war, ein Sklave, und natürlich ein weiser Mann. Man sieht daraus: Wer sich in dieser Welt nicht zu trösten weiß, der will es einfach nicht.

Wenn die Dinge nicht gut laufen, klagen sich die Bewohner der Iberischen Halbinsel selbst an, individualistisch zu sein, und denken, dass damit schon alles erklärt sei.

Der Müßiggang ist im Wesentlichen schädlich. Wenn einst automatisierte oder effektivere Maschinen dem Menschen fast durchgehende Freizeit gewähren, wird man die Verheerung sehen. So werden zum Beispiel die Neigungen der Leute deutlicher werden: zum Alkohol, zur Philosophie und zum Selbstmord.

Der Mythos vom Edlen Wilden war nicht ganz dumm: Der zivilisierte Mensch fühlt sich immer etwas unheimlich vor dem eigenen Gewissen.

Die Geschichte zeigt, dass der einzige gewichtige Fehler der Terrorphasen – derjenigen der Französischen Revolution und so vieler weiterer – darin liegt, dass sie, den darauffolgenden Ereignissen nach zu urteilen, immer unzureichend waren: zu kurz und zu wenig intensiv.

Als die Russen lernten zu addieren hat sich der Zauber der »slawischen Seele« schnell verflüchtigt.

Idee vom Vaterland: Der alte lateinische Ausspruch besagt, nutzenorientiert und ernsthaft: »Ubi bene, ibi patria«* Husmans, spirituell und gläubig, sagt: »Ma patrie c'est où je prie bien«**. Letztendlich entsprechen sich beide Haltungen.

Die Gesellschaft lässt sich nicht täuschen. Sie weiß, dass der Wahnsinn ein biologisches Alibi gewisser Arten des Nichteinverständnisses ist. Ein Irrenhaus dient als Heilungsanstalt ebenso wie als Gefängnis.

Es ist logisch, dass jeder Marxist marxistischer ist als Marx.

»summum ius summa iniuria«***. Aber man muss gar nicht bis zum »summum« gehen. Jedes *ius* ist unter bestimmten gesellschaftlichen Bedingungen schon *iniuria* – zum Beispiel unter diesen hier.****

In einem Punkt pflegen alle Rassen – einschließlich der Juden – übereinzustimmen: im Hass auf die Juden. (Ich übertreibe vielleicht, aber nicht sehr).

Unter gleichen Bedingungen, so sagt man – ich verstehe davon nichts –, erzeugen gleiche Ursachen die gleichen Wirkungen. Wahrscheinlich. Aber nicht in der Geschichte, in der die Wirkungen jedes Mal schlimmer werden.

---

\*    Wo [ich] gut [leben kann], da [ist] mein Vaterland.
\*\*   Mein Vaterland ist dort, wo ich gut bete.
\*\*\*  »Höchstes Recht [kann] höchstes Unrecht [sein]«.
\*\*\*\* Gemeint ist das Spanien der Franco-Diktatur

Man soll denen misstrauen, die den Aufopferungsgedanken predigen: Sie brauchen nämlich jemanden, der sich für sie aufopfert.

Kurzstück:
   Erste Person: »Dieu et mon droit!«*
   Zweite Person: »Was sagt er?«
   Dritte Person: »Gott und das Recht dieses Herrn hier.«
   Zweite Person: »Ach so.«

Ein schwacher Mensch – welcher Art seine Schwäche auch immer sei – ist immer ein Delinquent. Die Juristen bescheinigen das.

Verfolgt zu werden ist bereits ein Sieg.

Jedes Volk, sagt die Heilige Schrift, hat seinen Weisen und seinen Irren (und/oder seinen Idioten). Und auch seinen Gerechten und seinen Bösewicht. Ohne sie könnten die anderen sich vielleicht nicht als Volk fühlen, als *ein* Volk.

Wir glauben, dass wenn ein Verbrechen aus dem einen oder anderen Grund notwendig ist, dann sogleich kein Verbrechen mehr ist. Das ist offensichtlich eine ungeheuerliche Einstellung. Ein notwendiges Verbrechen ist immer noch ein Verbrechen, und man muss es als solches annehmen.

Nutzt die erste sich bietende Gelegenheit, um euch noch vor den anderen als Kläger zu positionieren; damit habt ihr schon die halbe Miete.

Es ist gefährlich, den Ratschlag, man solle die Toten ihre Toten selbst begraben lassen, wörtlich zu nehmen. Die Verstorbenen kümmern sich nicht darum. Und wenn die einen wie die anderen unbeerdigt bleiben, stinken sie nach einer Zeit … oder lassen uns am Ende glauben, dass sie noch am Leben sind, was die Dinge noch komplizierter macht.

Die Herrschenden lügen natürlich aus Angst.

Die Begeisterung? Sie nützt nichts, um ein Haus zu bauen, ein Buch zu schreiben oder ein Feld zu beackern, nicht einmal zum Fußballspielen. Mit Begeisterung kann man nur singen – und das auch noch falsch.

Für die Armen ist das Geld ein Rätsel. Deshalb bleiben sie arm.

---

* »Gott und mein Recht!«, Wahlspruch der britischen Monarchen (auf Französisch)

Überall bestünde die Möglichkeit, eine politische Partei zu errichten, deren einziger Programmpunkt es wäre, sich gegen die Dummheit der anderen Parteien zu stellen.

Es ist schon seltsam, dass der Mensch so lange gebraucht hat, um die Museen, die großen, bequemen Sessel, den Tango, die Soziologie, den Urlaub und tausende von Dingen zu erfinden, die nichts mit dem Fortschritt der Wissenschaft zu tun haben. Vielleicht sind wir doch nicht so intelligente Tiere, wie wir uns selber glauben machen wollen.

*Thàlassa! Thàlassa!* ... Sehr wohl, aber vom Ufer aus.

Vaterland ist – auch – Krieg: d. h. Handel ebenso wie Ehrenzeichen und Friedhof.

Man kann Kultur nur zur Espresso-Zeit betreiben, also nach dem Mittagessen. Würde sich ein halbwegs ausgehungerter Mensch denn für das Problem der *analogia entis*\* interessieren, für die prosodischen Besonderheiten Dantes, für die Quantentheorie oder auch nur für das Konzept des Mehrwerts?

Es erscheint unbegreiflich, dass die Franzosen von '93 gerade eine Revolution gemacht haben konnten und dabei die »Carmagnole« und das »Ça ira« sangen, die eher wie Osterweisen in ländlichen Wirtsstuben klingen. Oder ist es vielleicht doch nicht so, dass »der Ton die Musik« macht?

»Erfolg rechtfertigt«, sagte Napoleon. Das Scheitern auch. Oder: Weder das eine noch das andere rechtfertigen irgendetwas. Oder gar: Nichts kann gerechtfertigt werden.

Alle Fahnen sind gleichermaßen tückisch. Vertraut lieber dem Fahnenträger als den Farben.

Die Gewalt ist immer noch ein Mittel zur Überzeugung. Allerdings das langsamste und brüchigste der bekannten Mittel. Im Allgemeinen gibt es wenig Menschen, die bereit sind, sich von irgendetwas überzeugen zu lassen, nicht einmal von Gewalt.

Macht euch keine falschen Vorstellungen: Die Macht gelangt in unterschiedliche Hände, aber sie zögert nie.

Die pessimistischen Einstellungen kommen natürlich von rechts. Denn was kann schon jemand befürchten, der nichts zu verlieren hat? (Aber manchmal

---

\* Verhältnismäßigkeit des Seienden

denke ich: wer ist denn *nicht* rechts – in der einen oder anderen Hinsicht zumindest?)

**Generalabsolution und vollkommener Ablass**

Und nach alledem, was? Wir müssen doch sterben. Da hilft nichts.

Lassen wir es also einfach sein.

Guten Tag, Leser und Freund, künftige Leiche, künftiges Nichts! *Sit tibi terra levis!*\*

# Unredliche Ab- und Ansichten

## Vorsichtshalber zu Beginn

Ich glaube schon immer, dass »Redlichkeit« etwas ist, das von den anderen eingefordert wird.

## Aufs Geratewohl beobachtet

Es gibt nützliche Hochstapeleien. Die Geometrie, zum Beispiel.

Welchen wörtlichen Hintergrund sie auch immer haben mögen – die Empfindungswörter haben immer irgendetwas von einer Beschwörung.

Das Leben ist, ach, so bruchstückhaft!

Wo viel Licht ist, scheint alles ein wenig obszön.

Die Langeweile beschönigt alles. Ein gelangweilter Mensch ist in der Lage, in aller Seelenruhe sonst etwas zu tun.

Wir sagen »fixe Idee«. Doch dann ist es keine Idee mehr.

Man muss eine sehr gute Gesundheit haben, um leidenschaftlich zu sein.

Das Körperteil, das am schwierigsten zu überreden ist, ist das Geschlechtsteil. Oder am einfachsten, je nachdem, wie man es sieht.

Die wahren Verbrechen sind geheim.

Manchmal erzielt die Unvorsichtigkeit gute Ergebnisse.

Die Liebe ist keine Frage der Liebe, sondern der Geschicklichkeit.

---

\* Möge die Erde dir leicht sein

Wer Zugeständnisse zu machen scheint – etwa ein Fräulein, ein Politiker, ein Händler – zielt in Wirklichkeit darauf ab, welche einfordern zu können.

Nur Unwissen tröstet.

Hunde sind de facto eher liebedienerisch als treu.

Der Schein trügt nicht: Er ist Schein.

Die schädlichsten Parasiten, die wir ertragen können, sind die Rufschädiger.

Alles hängt vom Wort ab.

Der Mensch hat den Menschen erfunden und deshalb ist er Mensch oder scheint es zu sein. (Variante oder Korrektur: Der Mensch hat den Menschen nach seinem Ebenbild erschaffen. Also Geduld!)

Richtig ehrgeizig ist nur der, der es ohne Hoffnung ist.

Nichts vereint so sehr wie geteilte Dummheit.

Eleganz ist teuer – selbst das, was man »natürliche Eleganz« nennt.

Von einem gewissen Blickwinkel aus gesehen kommen wir immer überall zu spät.

Heute ist der Seufzer nicht mehr gebräuchlich.

Am schmerzhaftesten ist der Verlust von dem, was wir noch gar nicht besessen haben.

Die Frauen leben; die Männer denken meist, dass sie leben.

Einen feindlichen Willen nennen wir oft »einen Irrtum«. Das ist eine überstürzte Gleichsetzung.

Es gibt Menschen, die aus reiner Faulheit dumm sind.

Die Misstrauischen haben allen Grund zu misstrauen, aber fast nie misstrauen sie in dem Maße, wie sie es tun müssten.

Leben ist unhygienisch.

Die guten Angewohnheiten verderben einen auch.

Gerade weil wir fleischfressend sind, brauchen wir Tierärzte.

Manchmal kann ein Bündel von Eigensinnigkeiten wie ein Credo wirken, wie ein Ideal oder eine Theorie. Es gibt Leute, die einzig in der Sturheit leben.

Rosen sind unmoralisch, findet ihr nicht?

Wir stehen immer mit leeren Händen da.

Die Gleichgültigkeit tritt überwiegend tagsüber auf.

Die reizbaren Gemüter neigen zur Genügsamkeit, zum Fanatismus und – Achtung! – zum Verrat.

Wir sind in dem Maße ehrlich, als es für uns von Vorteil ist, es zu sein, kein bisschen mehr.

Das Leben kommt uns irgendwann so unwahrscheinlich vor, dass wir es uns noch nicht einmal ganz vorgestellt haben.

Es ist ein Jammer, aber zwei und zwei ergeben nicht vier, außer auf dem Papier, und selbst das ist nicht besonders sicher. Vielleicht ist die Aussage, dass zwei und zwei vier sind, auf dem Papier nicht mehr als ein Pleonasmus.

Alles braucht Training. Selbst der Schmerz.

Humanismus: Der Mensch hätte nie das Meer »erfunden«.

… Der dramatisch ernste Hintergrund, den es bei jedem Kitsch gibt …

Scheitern lässt sich nicht improvisieren.

Die Frau ist ein so absolut entfremdeter Mensch, dass sie nicht einmal Frau ist.

Schlafen ist auch hoffen und warten.

Das Wort Snob: Wirkt es nicht wie eine veraltete Vokabel?

Keiner kann leben, ohne jemanden zum Opfer zu machen. Oder ohne Opfer seiner selbst zu werden.

Wenn jemand sich zum Richter seines Bruders macht, dann hat er bereits beschlossen, ihn zu verurteilen.

Es gibt Menschen, die beim Liebemachen gähnen.

Das Glück … Das Glück, sagen wir es deutlich, besteht aus irgendeiner Art von Missbrauch.

In bestimmten Situationen wird das Schweigen zum gemeinsten Mittel des Lästerns.

Nachts zu sterben ist kein Verdienst.

Ermüdung führt zur Ungläubigkeit.

Um sich dazu zu entschließen, die Tiere und Pflanzen zu schützen, muss man ein wenig zynisch sein.

Es gibt Männer, die es verdienen, Hörner aufgesetzt zu bekommen. Wenn es doch nicht geschieht, dann ist die Frau daran Schuld.

Unbeherrschte Ausbrüche sind für gewöhnlich oberflächlich. Um eine echte Beleidigung auszusprechen, eine Beleidigung nach allen Regeln der Kunst, braucht es viel Kaltblütigkeit.

Auf lange Sicht bringt der gute Ruf auch nichts ein.

Es gibt sie kaum noch, die Misanthropen. Schlechtes Zeichen.

Und was ist mit der Keuschheit? Ist es nicht eine Form des Geizes?

Letztendlich sind wir das, was uns die anderen sein lassen, und oft das, was die anderen wollen.

Es gibt keine unschuldigen Freuden.

Der Zorn ist blind, sagt man. Ein klarsehender Zorn, das wäre das Ideale.

Wir leben unter Aufbringen von viel Geduld. Trotzdem merken wir nicht, dass es gerade darum geht: um Geduld.

Der Ehemann ist immer eine Komödienfigur.

»Täuschung« besteht darin, jemanden genau das glauben zu lassen, was er zu glauben wünscht.

Alle unsere Taten sind unvollständig.

Der Luxus ist eine Art, von etwas abzulenken.

Unser Gesichtsausdruck beim Schlafen ist ungewollt. Er darf uns nicht angerechnet werden.

Keiner gibt es ausdrücklich zu, aber das Bidet ist das Totem unseres Zeitalters.

Wir pflegen allzu nachsichtig mit unseren Schwächen zu sein, und das ist bei genauer Betrachtung die Schwäche, die am meisten Nachsicht verdient.

Weinessig ist immer noch Wein.

Ein enttäuschter Fanatiker ähnelt sehr einem Skeptiker. Aber Vorsicht!

Es gibt Lobesworte, die echte Tätlichkeiten sind.

Familie ist auch eine Frage der Begabung.

Gedanken eines Fahrers bei einer Autopanne: Wenn Gott schläft, gehen die Maschinen kaputt.

Die Volljährigkeit wird erst erreicht, wenn der Sohn beginnt, den Vater zu bemitleiden. Da können die Gesetze lauten, wie sie wollen.

Beim Sterben bleibt jeder dem einen oder anderen Äskulap einen Hahn schuldig.

**Grundideen für Kinder aus Familien**

Wenn wir sagen »ich habe das Recht dazu«, haben wir bereits betrogen.

Bedauerlicherweise nutzt es nichts, sich zu kratzen, wenn nichts juckt.

Fest steht, dass die Liebe letztlich eine Geschlechtskrankheit ist wie jede andere auch.

Die glücklichen Menschen haben kein Gedächtnis.

Die Zähne sind im Prinzip zum Beißen da. Sie beim Lächeln zu zeigen ist gegen die Natur.

So wie die Welt tickt, wird noch der Tag kommen, an dem es ein Verdienst ist, jung zu sein.

Und die Müdigkeit – ist das kein Laster?

Genau betrachtet, zwingt uns der Akt des Lügens dazu, uns die Wahrheit zu vergegenwärtigen.

Dein Bruder zweifelt an dir, und auch deine Frau und dein Vater. Das ist ganz natürlich, oder?

Jeder Exzess hat den Vorteil, uns darauf aufmerksam zu machen, dass er genau das ist: *ein Exzess.*

Es ist vorsätzlich, also ist es unverzeihlich.

Eine Leidenschaft auszusprechen bedeutet, sie zu halbieren.

Auch Unglück kann lächerlich sein.

Trotz unserer vielen Bemühungen schaffen wir es nicht, so dumm zu sein, wie wir gern wären.

Wir sind sentimental aus Oberflächlichkeit.

Manchmal ist das, was uns wie eine Widrigkeit erscheint, nichts anderes als ein einfaches Missverständnis.

Unter Verliebten lässt sich Eifersucht nur mit Notwehr legitimieren.

Wenn du versprichst, willigst du schon ein.

Geld ist nur eine Mutmaßung.

Das Unvorhergesehene stört.

Die Gedächtnislosen haben immer ein gutes Gewissen.

Verleumden ist unter bestimmten Umständen die Wahrheit sagen, oder zumindest sie erfinden.

Selig die Schüchternen, denn sie werden sich enthalten.

Die Einsamkeit ist erschöpfend, erschöpfend ist die Gesellschaft. Es gibt keine Lösung.

Das Glück landet bei denen, die schon welches haben.

Auf dem Grund jeder Wollust findet sich meist ein Sophismus.

Wer versteht, bewundert nicht.

Die vergangenen Freuden sind im Allgemeinen eine bittere Erinnerung, das sagte schon Dante. Aber sie sind so, weil wir wollen, dass sie so sind.

Ein Fehler ist, unter anderem, immer auch eine Unhöflichkeit.

Oft müssen wir unsere Pflichten untreu erfüllen.

Es wird als »Beleidigung der Tugend« gewertet, aber es ist das Leben.

Wer hat denn keinen Deserteur-Komplex?

Ja, die Welt ist in der Tat schlecht gemacht … Lasst es uns wenigstens hin und wieder sagen.

Gedanken sollten klar sein, Gefühle verworren.

Wer beim Anblick einer Blume »Vergänglichkeit« denkt, ist pervers.

Wir Menschen erscheinen menschlicher, wenn es ein klein wenig Herabwürdigung in unserem Leben gibt.

Der Spiegel klagt dich an – schau genau hin und du wirst es entdecken.

Wenn du Geld einnimmst, gibt es dich.

Es braucht viel Willenskraft, um nicht zum Mörder zu werden.

Die Liebe erlaubt uns, ungestraft dumm zu sein.

So tun als ob … lohnt sich das?

Zorn ist auch eine Meinung.

Was ihr auch immer für einen Fehler habt – es ist immer das geringere Übel.

Die Gefahr ist anziehend, weil sie die Routine durchbricht.

Manchmal ist die Selbstlosigkeit eine Form der Ironie.

Nur die Selbstachtung hindert uns daran, neidisch zu sein.

Der Lasterhafte kennt keine Sättigung. Und wer hat kein Laster?

Wir haben es nicht gelernt, man hat's uns eingebläut!

Bemitleidet zu werden ist irritierend. Und es kommt der Augenblick, da die Liebe eine kaum noch verschleierte Form von Mitleid ist.

Meditation vor der Quelle: Ohne Durst zu trinken, das wäre menschlicher.

Wir glauben das, was für uns am besten ist. In diesem Tränental sieht jeder zu, wo er bleibt.

Es gibt nur eine unblutige Art zu leben: schlafen.

Nicht die Nacktheit ist schamlos, sondern die Kleidung. Aber wir haben uns schon daran gewöhnt, und das Klima erlaubt außerdem nichts anderes.

Die »schlechten Ratschläge« sind meist unnütz. Sie werden nur von denen befolgt, die sie nicht brauchen.

Wir sagen, dass uns »etwas ekelt«, aber in Wirklichkeit haben wir Angst davor.

Wenn ein Idiot spricht, wird die Luft davon verschmutzt.

Die Leute, das sind sie.

Letztlich besteht der Tod nicht nur darin, zu sterben. Es geht um sterben und vergessen werden. Über kurz oder lang: vergessen.

Offenbar regt das Fasten die Vorstellungskraft an. Aber das Sattsein vielleicht noch mehr.

Ab einem gewissen Niveau der Kritikfähigkeit ist der Glaube an Gott eine beeindruckende Kühnheit. Lasst uns wenigstens das Verdienstvolle daran anerkennen.

Sie trinken Kaffee, sie trinken Kognak – warum sind sie dann gegen die Pornografie?

Die Ironie braucht Komplizen.

Es ist gut, dass du auf diese »Ehrungen« verzichtet hast. Aber es war schon verdächtig, dass du sie überhaupt verdient hattest.

Die Dinge so zu sehen, wie sie sind, lässt bei manchen Leuten Langeweile aufkommen.

»Der Gast und der kleine Fisch fangen nach drei Tagen zu stinken an«, heißt eine Redensart. Genau genommen fängt alles nach drei Tagen zu stinken an: der Gast, der kleine Fisch, die *poésie pure*, die Quantenphysik, die Arten des Buddhismus und du selbst.

Die Moral ist eher eine Frage der Gedanken als des Verhaltens.

Es gibt sehr böswillige Arten, Gutes zu tun.

Je nachdem, wie gut man es verkauft, kann der Lustmangel sogar als Enthaltsamkeit oder als Aufopferung erscheinen.

Sind wir alle am Ende apokryphe Figuren?

## Persönliche Erfahrung

Es ist nicht so, dass ich gerne »ich« sage; es ist nur so, dass ich kein Recht habe, ein anderes Personalpronomen zu verwenden.

Ich bin Optimist: Ich schließe die Augen.

Meine Widersprüche sind meine Hoffnungen.

»En enfer je recevrai des coups de bec de toutes les perdrix que j'ai tuées«\* (J. Renard). Ich auch. Aber es wird mir nicht leid tun.

---

\* In der Hölle werde ich von allen Rebhühnern, die ich getötet habe, gehackt werden

Mir ist es egal, ob man mich belügt. Was mich wirklich ankotzt, ist zu wissen, dass man mich gerade belügt.

Wer mich erträgt, der liebt mich. Es gibt keine andere Erklärung dafür.

Ich werde sterben, ich werde sterben, ich werde sterben ... Wie schade (vor allem für mich)!

Und sterben ist wohl aufhören zu schreiben.

Erst wenn ich allein bin, kann ich an die anderen denken.

Was mich an meinen (nennen wir es »meinen«) Ideen interessiert, sind die Einwände, die ich selbst vorbringen könnte.

Jedes Vergessen ist eine Amputation, und ich merke es nicht.

Es gibt Gelegenheiten, bei denen ich denke, dass die Uhr ungerecht ist.

Ich – so scheint mir – bin Jude. Du nicht?

Ab einem gewissen Alter schätze ich mich schon glücklich, wenn ich kein Zahnweh habe.

Ach, wenn ich nur meine Empörungen aussuchen könnte!

Ich versuche zu erfahren, welche meine Unwissenheiten sind.

Ich persönlich bin schon zufrieden, wenn ich *hin und wieder ein wenig* »Recht« habe. Mehr anzustreben scheint mir eine Unverfrorenheit.

Ich habe Angst und schreie; ich habe Angst und schweige. Ganz gleich: Ich habe Angst.

Ich lebe sozusagen *quia absurdum.**

Da ich mich nicht traue, das zu sagen, was ich denke, bemühe ich mich, das zu sagen, was ich denken sollte.

Wer kennt wirklich alle seine Abneigungen?

Wir werden geboren, und die anderen freuen sich darüber; wir sterben, und die anderen beweinen uns. Ich kann es nicht ganz verstehen ...

Ich bin mein Aberglaube: der Aberglaube von mir selbst.

---

\* weil es absurd ist

Sie hassen mich, das ist ohne Bedeutung; aber sie zwingen mich, sie zu hassen, und das ist sehr wohl von Bedeutung.

Ich stelle mir vor, wie mich die anderen sehen, und tue mir ein wenig leid. Wenn ich freilich an sie denke, dann finde ich, dass es auch nicht so tragisch ist.

Wir Schwachen sind dazu verurteilt, untreu, unwahrhaftig, neidisch und schlau zu sein. Dann soll man es uns wenigstens nicht vorwerfen!

Er (an mich): »Ich teile deine Meinungen«. Ich: »Ich teile sie natürlich auch, aber nur bis zu einem gewissen Punkt …«

Mein Gegner ist mein Partner. Ohne dass er es beabsichtigt, versteht sich.

Ihr werft mir vor, sarkastisch zu sein. Warum sollte ich es nicht sein? Ich erdulde mich ja selber nur mit Mühe.

Alles, was ich jetzt denke und schreibe, haben bereits viele, sehr viele Leute gedacht und geschrieben. Wenn es nicht so wäre, wäre es kein Verdienst.

Ich bin ein ewig Genesender von meinen Vorurteilen.

Mir missfällt die Unduldsamkeit, weil sie ansteckend ist.

Das Schlimmste am Altsein ist, dass jeder von vornherein die Absicht hat, dich zu respektieren.

Wird dir etwas abgestritten? Dann besteht für dich schon einige Wahrscheinlichkeit, dass du Recht hast.

Letzten Endes verlieben wir uns schließlich in die Kontur einer Nase.

Man kauft und verkauft; ich gehöre mir nicht.

Wirklich bedauerlich, aber es ist nicht sehr häufig, dass uns die Erinnerungen kommen, die wir wollen.

Es gibt Teile der Natur, die mir unvollendet erscheinen.

Wir alle erleben Augenblicke, in denen wir gerne absolute Idioten wären.

Es ist traurig, dass uns kein unerbittlicher Kritiker zur Verfügung stand, als wir ihn am meisten brauchten.

Wenn ihr die Grenze der vierzig Jahre überschreitet, kommen euch eure Verzweiflungen zunehmend lustig vor.

Nur die Reichen haben eine unsterbliche Seele.

Sokrates, Majakowski, Pavese? Die Selbstmorde, die mir wirklich nahegehen, sind diejenigen von Analphabeten.

Ich spioniere mir nach, so kann ich manchmal erfahren, was ich tue.

Ich denke an dich. Du wirst doch nicht einfach eine optische Täuschung sein?

Liebesbriefe sind immer traurig.

Wir pflegen abwertend zu sagen: »Der redet mit sich selber.« Aber jeder redet mit sich selber, wenn er keinen Gesprächspartner zur Hand hat.

Es ist wahrscheinlich, dass ich mich irre. Trotzdem muss ich dieses Risiko eingehen.

Ich sein ist ungerecht.

Wie in der Zeit Julien Sorels: »Alle fürchten, abgesetzt zu werden« und »es bleiben keine anderen Freuden als Lektüre und Landwirtschaft.« (*Le Rouge et le Noir*, Bd. I, Kap. VII)

Wenn ich keinen Gegner finde, versuche ich anzunehmen, dass es einen gibt.

Mach dir keinen Kopf: Du bist aus Zufall anthropomorph.

Hinter jedem gesagten oder geschriebenen Wort – wie viele unnötige Gärprozesse!

In der Früh zwitschern alle Vögel gleich, so wie nachts alle Katzen grau sind.

Es ist sehr mühsam, eine Gewissheit zu erlangen, und die ist auch stets nur einstweilig.

»Piangerò la sorte mia …«*. Aber gereimt oder mit Opernmusik.

Meine Nachwelt wird aus Papier sein.

Wir sind vielleicht mit unserem Gesicht nicht zufrieden, aber sehr wohl mit diesem oder jenem Bild, das man von uns gemacht hat.

Ein Dichter sagte mir: »Zahnweh zur Unzeit kann ein Meisterwerk zum Scheitern bringen.«

---

\* Ich werde mein Los beweinen

Auf dem Land gibt es noch einige verspätete oder instinktive Nietzscheaner. Ich habe einmal einen kennengelernt, der behauptete: »Die Barmherzigkeit ist ein Laster für Götter …«. Er neigte allerdings zum Sarkasmus.

»Schuld«! Was für ein Wort!

Man sagt: »Du bist das, was du machst.« Und das zurecht. »Ich bin, was ich produziere«. »Mehrwert« und so inklusive.

Das Feuer ist so schnell!

Die Idee der »Gegenseitigkeit« erweist sich als auf schlaue Weise egoistisch. Und erklärt, ganz nebenher, die Existenz der »guten Samariter«.

Jeden Tag entdecken wir, dass wir in irgendeiner Sache völlige Neulinge sind.

Was weiß ich von dir? Was weiß ich von mir?

Ich kenne nicht den Grund, aber in der praktischen Welt erscheinen die Zuchthengste nicht als anstößig, und kinderreiche Familien genießen wesentliche Erleichterungen.

Wenn es doch wenigstens einen Teufel gäbe, mit dem wir einen Pakt schließen könnten.

Jeder ist irgendjemandens Untergebener.

Ich vertraue auf das Wort. Jedes geschriebene Wort ist – sei es *per se* oder *contrario sensu* – letztendlich revolutionär. Es ist alles nur eine Frage des Lesenkönnens.

Freiheit und Neuralgie sind unvereinbar.

Wie es auch immer sei: die Logik ist ein tröstendes Mittel.

Ihr könnt es nachprüfen: Das Allegro aus dem Konzert für Violine und Orchester Op. 12, Nr. 1 von Vivaldi kann mit Foxtrott-Schritten getanzt werden.

Wir leben verstohlen. Warum nur?

Eile ist ein unannehmbares Konzept für einen Skeptiker.

Hin und wieder lautet die Alternative: entweder stolpern oder zurückweichen.

## Geisteswissenschaften

Die Literatur besteht darin, über Literatur zu sprechen.

# Unredliche Ab- und Ansichten

Denken ist verformen. Wie das Malen oder die Poesie, aber auf andere Art.

Pädagogik: Können ist wiederholen können.

Ich betrachte ein Gemälde und sehe es so, wie ich will.

Ein Glück, dass die Hegel-Lektüre so anstrengend ist. Sonst wären heute alle Hegelianer.

Das Cello hat die Stimme eines Küsters – oder zumindest eines Kantors.

Die Leute sind nicht mehr so gotteslästerlich wie früher. Wenn ich Monotheist wäre, würde ich mir langsam sorgen machen.

Die Hassobjekte der Dichter sind weiblich.

Ein redlicher Intellektueller schreibt als Erstes einen Satz nieder. Der Rest seines Werkes ist dann nichts anderes als ein Überarbeitungsprozess von dem, was er am ersten Tag schrieb.

Die Genauigkeit ist auch eine Kunst.

Achtung gegenüber der Philosophie haben in Wirklichkeit nur die Philosophen, und nicht einmal alle.

Bis zu einem gewissen Grad ist jedes Gemälde ein Selbstporträt.

Zur Originalität: Wir alle zusammen denken alles.

Kafka lesen ist Masturbation ohne Lustgewinn.

»Und – wer sind denn unsere Nächsten? Jesus tut es kund: jeder Mensch, von dem wir einen Nutzen haben können.« Freilich weiß ich nicht, ob Jesus dies so »kundtat«, aber so behauptet es der Hl. Vinzenz Ferrer (*Predigten*, Bd. II, S. 91). Außerdem ist die Definition wunderbar.

Wenn der Maler malt, wächst die Welt.

Der Künstler muss sein Werk niemals rechtfertigen. Aus Prinzip hat er immer Recht.

Die Perfektion pflegt in die Langeweile abzugleiten. Trotzdem ist es notwendig, die Perfektion anzustreben. Wahrscheinlich liegt das Geheimnis darin, auf halbem Wege stehenzubleiben.

Die höchste menschliche Schöpfung ist das gleichseitige Dreieck.

»Le Philosophe sans le savoir«*. In gewissem Sinne der Einzige, der zu entschuldigen ist.

Die Dichtung ist nur dazu nütze, mehr Dichtung zu schreiben.

Warum haben Archimedes, Pythagoras oder Euklid nicht das Fahrrad erfunden? Aus Faulheit, aus geringem Interesse?

T. S. Eliot war ein Enkel von Queen Victoria.

Die Gelehrten langweilen sich nie, und das ist die einzige Erklärung für die Dichte der historischen Wissenschaften.

Eine Statue ist ein Geist. Die Bildhauer und die Spiritisten werden das abstreiten, aber es ist so.

Hamlet … Buffalo Bill mit eingepflanztem Hamlet, das wäre ein interessanter Persönlichkeitstyp.

Korrigieren und vergrößern: Das ist die Kultur.

Niemand ahmt ohne Hintergedanken nach.

Thema für eine Doktorarbeit: Den Augenblick bestimmen, in welchem Robinson Crusoe beginnt, wieder das Bedürfnis nach Philosophie zu spüren.

»Nach der Natur« malen? Sobald er die Pinsel in Händen hält, muss der Maler nur auf das Bild schauen, das er malt.

Herr Puigblanch** aus Mataró schrieb: »Da diese Sünden aus der übermäßigen Liebe zum Fortbestand der Art entspringen …« (*Kleine Schriften*, Bd. II, Nachträge)

Alle Ideen leiden am Ende an Rheuma.

Die kallypigischen*** jungen Frauen *enarrant gloriam Dei*\*\*\*\*, ebenso wie Himmel und Erde. Das mag eine senile Ansicht sein; es ist aber ebenfalls ein gutes apologetisches Argument. Ich verstehe nicht, dass die Theologen es sich nicht zunutze gemacht haben.

---

\*     Der Philosoph ohne es zu wissen (Titel eines Stücks von Michel-Jean Sedain (1719–1797)
\*\*    Antoni Puig i Blanch oder Puigblanch (1755–1840), katalanischer Philologe, Politiker und Schriftsteller
\*\*\*   nach Aphrodite Kallipygos, die »mit dem schönen Hintern«
\*\*\*\*  erzählen von der Herrlichkeit Gottes

Ein gutes Buch ist immer eine Provokation.

Irgendjemand erfand die Kunst, um die Mängel der Wahrheit auszugleichen.

Als wir beschlossen, dass es nicht dasselbe ist, einen Tiger, ein Hähnchen oder einen Floh zu töten oder aber einen Menschen, wurden wir zu Menschen. Aber so etwas geschieht nicht alle Tage.

Die Zwölftonmusik ist zu haarig.

Man sagt, dass der Wert des Goldes konventionell ist; der von Balzac auch.

Man sollte die Vorstellung der Niedertracht säkularisieren, so wie in manchen Ländern die Friedhöfe säkularisiert worden sind.

Es kostet keine Mühe, es zu lesen, doch wieviel Mühe hat es gekostet, es zu schreiben?

Vielleicht ist, entgegen dem Spruch des Klassikers, die Kunst kurz und das Leben, wenn nicht lang, so doch relativ lang.

Die Gesundheit, also bei guter Gesundheit zu sein, schützt vor Philosophien. Die Hygiene ist zum Beispiel »antimetaphysisch«, zumindest funktionell antimetaphysisch.

Der Abfall vom Glauben ist aus der Mode gekommen. Er wird nur noch von Prinzen und Prinzessinnen im heiratsfähigen Alter ausgeübt, und das auch nur aus Staatsräson.

Schreiben ist erinnern, oder allenfalls Erinnerungen ausdenken.

Nur das Offensichtliche ist vernünftig. Die Vernunft hängt in großem Maße von der »Sicht« ab.

Geschichte der Malerei: *Non saturatur oculus visu*\* (Koh 1, 8).

Die Geschlechtsteile der Reichen sind pathetischer als die der Armen. Das bescheinigen Petrarca, Shakespeare, Corneille, Dumas der Jüngere, Proust, Lawrence …

Es ist noch zu früh, um den Hedonismus zu predigen.

In der westlichen Welt wären alle Grammatiken unvorstellbar, wenn sie nicht die *Logik* des Aristoteles zur Grundlage hätten.

---

\* Das Auge wird durch das Sehen nicht gesättigt

In der Kunst ist die Karikatur die gerechteste Form des Realismus.

Ein Glück, dass Goya nicht malen konnte! Denn andernfalls wäre die Familie von Karl IV ganz schön arm dran gewesen.

Welche Vorstellung hatten die Neandertaler von der »Würde des Menschen«?

Es gibt auch intellektuelle Stabsichtigkeit, und man muss zugeben, dass sie ziemlich stark zum kulturellen Reichtum beigetragen hat.

Stendhal: Es genügt, dass die »Details« »genau« sind (*voici des détails exacts*)\*. Der Rest ist unwichtig.

Die Wahrheit ist immer eine Mystifizierung der Wahrheit.

(Mögliche) Definition der Philosophie: Die Kunst, die Kuh bei den Eiern zu packen.

Über ein Jahrtausend hinweg ist die westliche Kultur von Mönchen und ihren Schülern hergestellt worden. Wir können uns nicht von heute auf morgen dessen entledigen.

Der Impressionismus war das: mit Malen »Zeit verbringen«.

Die Gefahr daran, »sein Handwerk zu beherrschen«, ist, dass die Kunst dann nur noch »Handwerk« wird.

»Ce qui est noir n'est peut-être qu'obscur …«\*\*. Seid aufgeweckt. Die Farben und die Worte haben keine allzu glatten Abgrenzungen.

Loths Frau drehte sich um – nicht aus Neugier, sondern aus Bösartigkeit.

Ich habe hervorragende Kritiken an der ehrwürdigen Einrichtung des Syllogismus gelesen. Aber sie waren selber auch auf Syllogismen aufgebaut.

Das Schrumm-Schrumm der Musiker des 17. und 18. Jahrhunderts hat einen Vorteil: Es sediert. Wie die Symmetrie.

Perlen aus dem Wörterbuch: »Filosop (phil-, filosof) … 2. Nachttopf für Kranke« (*Diccionari Agulló*, 6. Bd., Seite 57)

Die Mathematiker sind eine Art betrügerischer Dichter, die sich an der einzig möglichen Poesie versuchen.

---

\* Hier sind genaue Details
\*\* Das, was schwarz ist, ist vielleicht nur dunkel

In der Kunst ist die Erinnerung ein Fehler.

Die Figuren von El Greco – litten sie möglicherweise an Syphilis?

Jedes vorsätzlich erzeugte Geräusch kann bereits als Musik angesehen werden.

Dialektisch oder nicht (das ist im Augenblick zweitrangig) – es zählt der Materialismus. Als Philosophie betrachtet, macht er nicht einmal den Eindruck, Philosophie zu sein. Was können wir mehr erwarten?

Nur die Archäologen wissen, was die Zeit ist.

## Die Kunst, Ratschläge zu erteilen

Mach aus deiner Unwissenheit kein Argument.

Du brauchst einen Gegner, um dich zu behaupten. Zerstör ihn nicht! Bewahre ihn dir, fördere ihn, wenn nötig!

Seid unauffällig. Unaufmerksam, um genau zu sein.

Wenn du keine Repressalien ergreifst, dann sollte dies stets aus Verachtung geschehen.

Mögen eure Absichten immer gute sein. So werden euch als Alibi dienen können.

Flieht die übermäßige Dankbarkeit: Sie ist meist ehrlich und daher sehr lästig.

Vergleiche – und du wirst anfangen zu verstehen.

Bitte nicht um Nachsicht. Wenn man sie dir gewährt, wird man dich betrügen.

Du hast einen Körper: Nutze ihn! Nutze ihn aus!

Du denkst dieses oder jenes. Du glaubst, dass du das denkst … Gut. Versuche, es zu überdenken. Überdenk es. Du wirst sehen, dass du in der Tat anders dachtest.

Man sollte Skrupel haben, besonders wenn es darum geht, unsere Skrupel auszuwählen.

Liebe, aber nicht so heftig.

Klage nicht über die Mühen, um offene Türen einzurennen. Wenn du sie nicht einrennst, macht man sie wieder zu.

Je mehr Freunde du hast, desto mehr Freunde kannst du verlieren.

Schreib keine Verse über den Tod: es ist zwecklos. Schreib dein Testament, das erweist sich als viel praktischer.

Sagt die Wahrheit. So rächt ihr euch.

Wenn du zuhörst, wenn man mit dir redet, wirst du am Ende auch noch reden. Das ist ein warnender Hinweis.

Amphitryon lädt dich zum Essen ein. Sag: Es lebe Amphitryon!

Eine Feindschaft ist unvollständig, wenn sie nicht gegenseitig ist. Wenn du einen Kandidaten zum Feind findest, lass ihn nicht entwischen.

Sei höflich. Glaube das, was dir deine Frau sagt.

Hör nicht auf zu protestieren: Es wird immer etwas davon hängenbleiben.

Nein, hört nicht auf die, die von der – moralischen – Größe des Schmerzes sprechen, und holt euch sofort ein Schmerzmittel.

Man muss Vertrauen in den Zufall haben. Nicht viel, aber etwas.

Es genügt nicht, eine Matratze im Haus zu haben. Wir müssen sie zum Gebären, zum Schlafen, zum Zeugen und zum Sterben nutzen.

Mit etwas Glück wirst du schließlich glauben, du seiest du.

Wenn du ein Kind hast, bring ihm bei, frei zu sein. Selbst wenn es auf deine Kosten ist. Na ja: Es wird auf deine Kosten sein müssen …

Es zweifelt nicht, wer will, sondern wer kann. Bemühe dich trotzdem zu zweifeln.

Nimm etwas zurück, wenn man dich darum bittet. Aber sieh zu, dass man dich nicht darum bittet.

Habt nicht mehr Überzeugungen als die unbedingt erforderlichen.

Wenn du unter Schlaflosigkeit leidest, versuche Verse zu schreiben. Ich bin sicher, dass viele große Dichter so begonnen haben.

Sei nicht unverschämt. Man könnte glauben, du seist ehrlich!

Fragt nicht, denn dann wird darauf geantwortet, und man weiß nie, was.

Es ist sehr angenehm, um etwas gebeten zu werden. Noch angenehmer ist es, die Bitte abzuschlagen.

Achtung! Seht zu, dass ihr eure Undankbarkeit gut verwaltet!

Wenn du jemals weinst – in echt oder metaphorisch –, dann tu es mit Vorsatz.

Die Freunde erraten: das ist das Geheimnis.

Wenn du dich weigerst, über dies oder jenes zu sprechen, spricht deine Weigerung für dich.

Und du? Bist du etwa keine »schlechte Gesellschaft«?

Definiere dich selbst, wenn du willst. Aber behalte im Blick, dass Selbstdefinition heißt, die Hose runterzulassen.

Bestich dich selber, bevor es ein anderer tut.

Nicht gut, wenn deine Meinungen aus deinen Leidenschaften folgen; noch schlimmer, wenn deine Leidenschaften aus deinen Meinungen folgen.

Enthalte dich nicht, jetzt, da du noch kannst.

Lasst euch von diesem hier überzeugen, wenn ihr wollt. Aber unter der Bedingung, dass ihr genauso bereit seid, euch vom nächsten überzeugen zu lassen.

Auf wessen Kosten? Stell dir hin und wieder diese Frage.

Die Eintönigkeit hat auch ihren Reiz, und obendrein ist sie etwas sehr Achtbares.

Der »Ratschlag« ist ein literarisches Genre im Niedergang; versuche nicht, es fortzuführen.

Sei beharrlich, so wirst du am Ende einschlummern.

Als Allererstes muss man in Erfahrung bringen, was unvermeidlich ist; dann muss man sich sofort damit abfinden.

Hast du kein Geld, lass es bleiben.

Versteck dich, und wenn sie dich finden, dann aus reinem Dusel.

Gerade in den intimen Schriften, die keiner lesen soll, müssen wir besonders darauf achten, keine Rechtschreibfehler zu machen.

Im Fall eines Falles greife zur Anmaßung, um deine Dummheit zu kaschieren.

Lass die anderen ruhig Dinge behaupten; überlege du währenddessen die Widerlegung.

In den Zeiten der Kybernetik ist es das Wichtigste, zu wissen, wie man eine Maschine stoppt.

Nur die Demütigen fühlen sich nicht gedemütigt. Man darf nicht demütig sein.

Wähl das aus, was dir am meisten zusagt, aber versuche nicht, es dir zu erklären.

Akzeptiere nicht die Niederlage, bevor du nicht herausfindest, dass du dadurch etwas gewinnst.

Jemand schaut dir in die Augen und verwirrt dich. Aber er fühlt denselben Blick auf sich gerichtet und ist um kein bisschen weniger beunruhigt.

Vernünftig sein heißt auf der Hut sein.

Wenn du bei den anderen geschätzt sein willst, tue so, als wärest du wie sie, nur schlechter oder besser.

Ein Happening also? Das würde ich mir gern anschauen, und zwar improvisiert vor einem Fabrikausgang.

Du bist deine eigene Neurose. Doch wenn irgend möglich, geh zum Psychiater.

Ich ermahne dich, den Reitsport auszuüben. In der klassenlosen Gesellschaft der Zukunft wirst du keine Gelegenheit mehr dazu haben. In der jetzigen auch nicht, dass stimmt. Trotzdem ermahne ich dich dazu. Es lässt dich gut aussehen.

Man muss einen Sitzplatz haben, wo auch immer.

Du musst Henry Miller lesen, denn Rabelais würdest du wirklich nicht mehr ertragen. Und letzten Endes wirst du beim einen wie beim anderen das unerschöpfliche, lehrreiche Epos des Hosenstalls vorfinden.

Was tust du zurzeit? Das ist ja schon eine Altersleidenschaft!

Wenn du auf etwas bestehst, dann tu es auf unredliche Art.

Man behandelt dich, als wärst du ein Ding. Weil du nämlich ein Ding bist, zählbar und mit einem Preis versehen. Es ist deine Pflicht, es zu wissen.

Fünf leibliche Sinne! Lasst uns mehr verlangen!

Morgen ist auch ein Tag, und dieser Tag jährt sich. Beginnen wir also wieder beim Anfang.

Wenn du dir schon vornimmst, Entschädigungen zu erhalten, dann solltest du dir zu helfen wissen: Du hast nämlich kein Anrecht darauf und wirst eines fälschen müssen.

Eine schön gespielte Geige, ein Schlafmittel, eine Dosis Alkohol …

Sei kein Kuppler deiner selbst; das ist doch abgeschmackt.

»Nichts ist schäbig …«* Wer sich nicht zufrieden gibt, der will einfach nicht.

Wie in Kinderspielen: »Schließ die Augen und halt die Hand auf …«

## Man nennt es Gesellschaft

Das Nichtstun ist letztlich auch eine Ideologie.

Eine der ersten Episoden des Klassenkampfes war die Erfindung des Türschlosses.

Niemand kann von seinem Opfer Gelassenheit verlangen.

Wenn die Angst nicht unschuldig ist, dann ist es keine Angst mehr, dann ist es Feigheit.

Ich verfüge über ein wenig Freiheit und frage mich: Wer zahlt da für mich?

Du isst und kaust: Mit vollem Mund bist du praktisch geknebelt.

Das geschlechtliche Pro-Kopf-Einkommen! Das müsste auch in den Statistiken aufgeführt werden.

»Saintes baïonnettes de France…«** (Michelet). Alle Kriege wollen Religionskriege sein.

Wer herrscht, der will, dass die Beherrschten zahm sind. Jede Geschichtsphilosophie muss von dieser Offensichtlichkeit ausgehen.

Sie schreien, um zu sehen, ob sie uns zum Schweigen bringen.

»Im Hause des Weisen sind die Reichtümer Sklaven; in dem des Toren, sind sie Herren.« Ein Spruch von Seneca. Der natürlich reich war.

Rassismus: Die Schwarzen sind nicht gleich wie die Weißen, weil sie schwarz sind.

Die einzigen Revolutionen, die man fürchten muss, sind die vorzeitigen, denn sie enden böse.

---

\*    Berühmte erste Zeile eines Gedichts von Joan Salvat-Papasseit (1894–1924)
\*\*  Heilige Bajonetten Frankreichs

»Da er Katalanisch spricht … schauen wir doch mal, was er gesagt hat.«* Das Versmaß jener Zeile bleibt unverändert, und der Inhalt ist so vernünftiger.

Der Mythos erzählt nichts davon, dass Prometheus gestorben sei. Das sollte man nicht vergessen.

»Les capacités de la bourgeoisie s'en vont …«**. In der Tat: das Bürgertum versteht es nicht mehr, links zu sein.

Es gibt unerschrockene Frauen – sie wagen es sogar, Enkelkinder zu haben.

Das Ansinnen, den Privatbesitz abzuschaffen, stößt auf ein schwieriges Hindernis: die Fähigkeit der Hand, zu greifen.

Wer zahlt, hat also das Sagen? Die Geschichte und die Alltagserfahrung beweisen zumindest, dass wer das Sagen hat, auch kassiert. Das Sagen haben heißt kassieren – unter anderem.

Friedrich der Große hatte gegenüber Hitler oder De Gaulle mindestens den Vorzug, dass er komponieren konnte.

Die Besiegten kommen schnell aus der Mode.

Vielleicht gibt die Arbeit dem Menschen Würde. Ich weiß es nicht. Aber unstrittig ist, dass sie ihn müde macht.

In der sogenannten »Konsumgesellschaft« regnet es nicht, schneit es nicht, scheint auch nicht die Sonne.

Jemand hat mal gesagt, dass das Käppi den Kopf verformt. Aber nicht nur das Käppi: auch der Tropenhelm, die Priestermütze, der Zylinder, die Baskenmütze, die Melone, ganz zu schweigen von der Barretina***.

Vor dem Richter wurde der Landvermesser geschaffen. Dieser ist die Voraussetzung für jenen.

---

\* Anspielung auf eine berühmte Zeile eines Sonetts von 1609, die lautet »Da er Katalanisch spricht, möge Gott ihm Ruhm und Ehre geben.« Fuster wandelt sie in dem Sinne ab, dass die Menschen aus Barcelona gegenüber der anderen katalanischsprachigen Bevölkerung eine gewisse Überheblichkeit an den Tag leg(t)en.
\*\* Die Fähigkeiten des Bürgertums verschwinden
\*\*\* *barretina*: Phrygische Mütze, die emblematischer Bestandteil der katalanischen Nationaltracht, häufig allerdings auch als Schlagwort für die provinziell-folkloristischen Auffassungen innerhalb der katalanischen Bewegung verwendet.

Der Vorabend eines Krieges wirkt oft, oder eigentlich fast immer, wie ein Fest.

Die Konservativen gehorchen gerne, und deshalb sind sie konservativ.

Man bekämpft die Spermien, als wären es Koch-Bazillen.

Es gibt Herrschende, für die das Regieren nur eine Racheaktion ist.

Wer behauptete, dass »es nicht möglich ist, auf den Bajonetten zu sitzen«? Nein, nein. Es gibt Ärsche, die zu allem fähig sind.

Manchmal sind Blutflecken dekorativ. Lest Plutarch.

»La liberté consiste à ne dépendre que des lois…«* Blauäugig**, sehr blauäugig, Voltaire! Als wenn die Gesetze nicht von *ihnen* gemacht würden!

Man fängt an, reich zu sein, wenn man Angst hat, noch ärmer zu werden, als man bereits ist.

Lenin oder Marx (oder beide) haben gesagt, dass bis jetzt alle Revolutionen am Ende nur die Regierungsmaschinerie gestärkt haben. Die Gegenbewegungen auch. Die Regierungsmaschinerie verstärkt sich unablässig unter jedem möglichen Vorwand.

Die Sardana*** ist »republikanisch« und »föderal«, wie Eugeni d'Ors notierte. Vielleicht befindet sie sich deshalb im Niedergang.

»Alle Macht kommt von Gott« – aber woher kommen die Mächtigen?

Die Feinde der Gleichheit, des Egalitarismus, sind dies – von anderen, gewichtigeren Gründen einmal abgesehen – aus der Angst heraus, sich als allzu gleich zu erkennen.

Die Diktatur vergiftet.

Wann immer ein Egoismus verurteilt wird – wann denn sollte das nicht im Namen eines anderen Egoismus geschehen? (Parallel dazu: Wann immer ein Nationalismus verurteilt wird – wann denn sollte das nicht usw. usf.?)

---

\*  Die Freiheit besteht darin, nur von den Gesetzen abhängig zu sein
\*\*  Anspielung auf den Roman *Candide* (frz. »unschuldig, naiv, blauäugig«)
\*\*\*  Katalanischer Nationaltanz, der als Reigen getanzt wird; mittlerweile hat der Tanz im Vergleich zu den 1960/1970er Jahren wieder deutlich an Zuspruch gewonnen.

Rechts zu sein ist sehr leicht. Es genügt zu vergessen, dass man rechts sein kann, ohne es zu merken.

Jede Idee oder Ideologie kann dazu dienen, ein Verbrechen zu rechtfertigen, die Geschichte ist voller solcher Fälle. Das Schlimme daran sind natürlich nicht die Verbrechen, sondern die Rechtfertigungen.

Genesis 3,19*: Aber da der Schweiß ja verdunstet …

Sie führen berufsmäßig Krieg, sie foltern berufsmäßig, sie betrügen berufsmäßig … Sind sie denn nicht fähig, auf andere Weise für ihren Lebensunterhalt zu sorgen?

Die Demokratie ist unsicher. Deshalb hat jeder Angst davor.

»Du pouvoir absolu vous ignorez l'ivresse«**, deklamiert eine Figur bei Racine. Oder, wie jemand anderes gesagt haben soll: »Befehlen ist so geil!«

Unser Wortschatz ist von der Klassengesellschaft verdorben. Wir sprechen von »Edelgasen«, und ein Hund »ohne Herrchen« bezeichnen wir als »ausgesetzt« und nicht etwa als »frei«.

Der einzige Vorteil davon, beherrscht zu werden, ist, dass du nicht herrschen musst.

Die Kriege müssten von den Alten geführt werden. Dann wären sie biologisch nicht so kostspielig.

Und überhaupt sind es immer die Alten, die den Krieg erklären.

Die Massen rebellieren oder gehorchen, aber sie denken nicht vernünftig. Das ist das Problem. Man muss warten …

Jede Macht ist Machtmissbrauch. Das liegt in der Natur der Dinge.

Welche Republik wird denn wohl der Versuchung widerstehen, dass ein Bonaparte sie verteidigt?

Freiheit ist eine Gewohnheit, und es ist gar nicht leicht, sie sich zuzulegen.

Ich habe beobachtet, dass die Leute, die rechts sind, bei Regen noch weiter rechts sind.

---

\* Im Schweiße deines Angesichts sollst du dein Brot essen
\*\* Ihr kennt nicht den Rausch der absoluten Macht

Ethnographie und Folklore: Der Mensch fürchtete sich vor der Stille, also erfand er die Trommel. Später veranstaltete er mit der Trommel Tänze und Kriege.

So wie die Dinge stehen, kann es keine Revolution geben, die nicht auch ein Sakrileg wäre.

Euer politischer Gegner wird euch vorwerfen, dass ihr nicht tut, was ihr tun solltet – und falls ihr es tut, *dass* ihr es tut. Das gehört zum Spiel.

Keine Hymnen, keine Flaggen, keine Lebehochs.

Man sagt, dass die Tyranneien immer schlimm enden. Mag schon sein. Aber was sie bis dahin angerichtet haben, das kann man ihnen nicht mehr nehmen.

Königsmord ist nicht mehr *in*. Die Sache mit Kennedy war ein Anachronismus.

Wir sollten nicht müde werden, es zu wiederholen: Alle Freiheiten sind solidarisch.

Wenn wir es von außen betrachten, werden wir feststellen, dass in jedem »System« die Häresien gefährlicher sind als die Orthodoxie.

So wie die Dinge stehen, ist heutzutage* Katalane sein kaum mehr als eine schlichte Hypothese.

»Nicht-Einmischung in die inneren Angelegenheiten eines anderen Landes«: Bofill i Mates (*L'altra concòrdia*, S. 50) definierte es folgendermaßen: »Sich gegenseitig einen Freibrief erteilen, damit jede Herrschaft ihre Untertanen völlig frei unterdrücken kann.«

Wer weiß, warum: Die Armen pflegen die Kandidaten der Rechten zu wählen. Und die Reichen auch, selbstverständlich.

Die Malerei hat gegenüber der Literatur den Nachteil, dass sie nicht unmoralisch sein kann, oder nur dann, wenn sie keine echte Malerei mehr ist.

Die Macht verbreitet eine Vorstellung von Macht als Eigentum: Wer befiehlt, der ist auch der Besitzer.

Wir atmen wie in der Steinzeit. Auf diesem Gebiet sind wir nicht besonders vorwärtsgekommen.

---

\* zur Zeit der Franco-Diktatur

Ist ein lebendiger Hund mehr wert als ein toter Löwe? Je nachdem wann und wofür.

Wie man die Disziplin aufrecht erhält: Das sagte Philippe Pétain (am 12. Juni 1917) und hielt sich auch daran: »Une première impression de terreur est indispensable, et c'est aux premiers exemples qu'est due l'amélioration constatée …«\* (Gilbert Guilleminault, *La France de la Madelon*, S. 159).

In letzter Minute retten diese oder jene Gänse das Kapitel.

## Hiermit schließe ich vorläufig die Klammer

Alles sehr fragliche Behauptungen und Verneinungen, das gebe ich zu. Vielleicht sind sie gerade deswegen nützlich, weil sie fraglich sind und somit zum Fragen anregen.

---

\* Ein erster Eindruck des Schreckens ist unverzichtbar, und eben auf die ersten Exempel ist die festgestellte Besserung zurückzuführen.

# Teil II: Weitere Aphorismen

**Wenige Worte**

*Diese kurzen, manchmal epigrammhaften Notizen sind eine Fortsetzung meines Buches* Consells, proverbis i insolències *[Ratschläge, Sprüche und Unverschämtheiten], das 1968 erschien. Ich habe noch viel mehr vorrätig. Ich habe eine schnelle Auswahl getroffen und sähe es ungern, dass jemand diese als besonders aussagekräftig ansieht. Einen Aphorismus zu verfassen ist meist ein langwieriger Vorgang, mit mühsamen Berichtigungen, mit Bestätigungen, die zum Staunen bringen, und immer mit der Verantwortung für die Nuancen des einen oder anderen Wortes. Aphorismen sind ein archaisches und wenig glanzvolles »literarisches Genre«, das mich jedoch fasziniert. Hier also diese weiteren »Zettel«, die nur als sehr persönlicher »Standpunkt« Interesse für sich beanspruchen. Ein Widerspruch? Vielleicht, aber vielleicht auch nicht. Und es ist mir gleich.*

Wir sind Menschen, weil wir unter Menschen aufgewachsen sind, und so haben wir – die einen besser, die anderen weniger gut – gelernt, welche zu sein.

Der einzige Trost dafür, sterblich zu sein, ist, dass die anderen es genauso sind wie du, vielleicht sogar mehr.

Niedergang des »Zynismus«: Früher sah man in den Dörfern noch hin und wieder die Hunde auf der Straße kopulieren.

Die Angst ist fast immer freiwillig.

Die Orthodoxien, die »Systeme«, erzeugen über kurz oder lang ein bitteres Gefühl der Platzangst.

Es gibt eine Traurigkeit oder Melancholie aus dem Wissen heraus, dass wir nie *alles* wissen werden.

Jüdische Autoren im Vergleich: Von Spinoza und Kafka ist mir Spinoza lieber.

Wenn du mit jemandem eine Unterhaltung beginnst, bittest du ihn eigentlich bereits um einen Gefallen.

Eine Liebe, die zu lange andauert, braucht einen anderen Namen.

Es ist nicht nötig, undankbar zu sein. Es reicht, ehrlich zu sein.

Niemand hat »eigene« Ideen. Allenfalls »fixe«.

Im Allgemeinen kann Starrsinn auch zum Argument werden.

Der Neid pflegt sehr hellsichtig zu sein.

Das einzig Verwerfliche am Selbstmord ist, dass es sich fast immer um einen vorzeitigen Tod handelt. Aber gibt es überhaupt Todesfälle, die wirklich vorzeitig sind? Jeder stirbt zu spät.

Hüte dich vor Freunden, die sich in Feinde verwandeln könnten. Sie wissen dann schon, wie du bist.

»Auch der Irrtum ist verdienstvoll«, sagte Voltaire. Und falls er bei dieser Behauptung irrte, dann hat er auf diese Weise einen Beweis dafür geliefert.

Wir sind alle ein wenig Hochstapler. Zum Beispiel, wenn wir »ich« sagen.

Verlass dich nicht auf dein Gewissen. Es wird stets dazu neigen, dir recht zu geben.

Was oder wer bin ich? Alain nannte es »Cette unité logique de moi même …«*. Mag schon sein. Aber unter der Bedingung, dass dies Rheuma, Ödipus-Komplex und Orgasmus miteinschließt.

Heutzutage Vergil zu lesen, oder Shakespeare, selbst Proust oder Miller – ist das nicht vielleicht schon ein Anachronismus?

»Verführung Minderjähriger«? Wahrscheinlich wird ein Minderjähriger nicht erwachsen, bevor er nicht gebührend »verführt« wurde.

Vergesst und verzeiht die Beleidigungen nicht. Tut einfach so, als wärt ihr nicht beleidigt worden.

Machen wir uns nichts vor: Die Umsetzung der Freiheit (*Liberté*) ist die Libertinage. Ich bin ein Anhänger davon, nebenbei bemerkt.

Wenn Wittgenstein nicht dazu taugt, die Philosophie abzuschaffen, wozu hat er dann getaugt?

Jedes Mal, wenn ich »nein« sage – zu welchen Dingen sage ich dabei »ja«?

Ein Wort für jede Sache? Die Wörterbücher wären unendlich lang. Es gibt so viele »Sachen«, die nicht einmal Sachen sind!

Eine Art, sich an der Welt zu rächen, ist Kinder zu produzieren.

---

\* Diese logische Einheit meiner selbst

Reden ist bereits übertreiben.

Die Perfektion ist auch ein Werk der Barmherzigkeit.

Man kann nicht überzeugend sein ohne ein wenig Boshaftigkeit.

Kunstgeschichte: Was Michelangelo sehr gut malen und in Stein hauen konnte (und auch wollte), das waren Pimmel und Eier. Schon seine weiblichen Brüste, zum Beispiel, sind die reine Katastrophe.

Es lohnt sich nicht, stolz zu sein. Das ist sehr mühselig.

Was sagen die anderen? Ganz gleich! Macht Einwände. So werdet ihr euch zumindest amüsieren.

Ich bin zu dieser Schlussfolgerung gelangt: Es gibt nur eine »Todsünde«, und das sind die Rechtschreibfehler.

»Sei, wer du bist«, hat ein Klassiker gesagt, ich weiß nicht mehr, welcher, und die Humanisten haben das als Motto wiederholt. Na gut, versuchen wir's. Wir könnten ja ohnehin gar nichts anderes sein.

Das Leben – und nicht nur das menschliche – ist gewissermaßen ein riesiger theologischer Bubenstreich. Das werden diejenigen schon verstehen, die es verstehen wollen.

Stoisch zu sein ist eine gute Sache. Aber immer nur für ein Weilchen und, wenn möglich, nur dann und wann.

Man hat die Scheinheiligkeit erfunden, nicht wahr? Dann wäre es ein Fehler, wenn du sie nicht nutztest.

Habt ihr je etwas Geheimnisvolleres gesehen als einen Finger? Oder als einen Fingernagel?

Alle Gottheiten sind erfunden worden, um den Menschen zu schikanieren. Und kein anderer als der Mensch hat sie erfunden. Seit der Steinzeit ist die Paranoia die »conditio humana«. Karl Marx entkam nicht der Regel.

Ökologie: Und die Tausende, oder genauer die Millionen und Abermillionen von Tier- und Pflanzenarten, die ausgelöscht wurden, bevor die erste industrielle Rauchfahne auftauchte?

Krankhafte Nervenschwächen haben, wenn man damit gut umgeht, schon immer ganz passable Ergebnisse erzielt. Zum Beispiel die Lyrik.

Ich habe das Recht, so zu sein, wie ich bin, und sei es nur, weil ich so geboren wurde. Und genau das ist das Problem, sobald du den gleichen Anspruch hast.

Die Musik ist eine Verschwörung gegen die Stille, sei es Bach, sei es Rock. Aber hat es denn jemals die Stille gegeben?

Ohne die ganze Literatur, die man ihr angetan hat, wäre die Rose nur eine kleine, geschmacksarme Kohlart. Ihr Duft würde in der Küche verfliegen. Josep Pla irrte.

Alles ist ungewiss. Nehmen wir zum Beispiel an, dass wir uns jeden Morgen beim Rasieren im Spiegel anschauen. Oder die Frauen beim Schminken. Wer ist da wer?

Gegen Boileau: Bevor du denkst, lerne schreiben.

Als Erstes: Höre es dir an. Dann: Glaub es nicht. Schließlich: Vergiss es.

Es gibt Definitionen, die beleidigen. Oder vielleicht sollte man sagen, dass es absichtlich beleidigende Definitionen gibt.

Immer wenn wir reden, reden wir in Notwehr.

Sterblich sein zahlt sich nicht aus. Doch das entdecken wir zum falschen Zeitpunkt.

Ob ich meinen Menschenhass mit Anstand überspielen konnte? Es war jedenfalls eine literarische Pflicht.

Es ist nicht günstig, ein zu gutes Gedächtnis zu haben. Das Gedächtnis ist oft voller Groll.

Flieh oder versteck dich. Besser noch: Flieh und versteck dich. Falls du kannst, versteht sich.

Wir empfinden ein seltsames Lustgefühl, wenn wir entdecken, dass unser Gegner dumm ist. Das macht allerdings nichts leichter.

Jede Art von Zynismus gründet im Wesentlichen auf Misstrauen.

Beeilt euch zu lieben. Die späten Lieben sind keine mehr, es sind Schrullen.

Ich empöre mich ungern. Aber wenn ich mich nicht hin und wieder empörte – was würde dann aus mir?

Da es keine Pflicht zum Vernünftigsein gibt, nutzen die Leute das aus.

Irgendwann wird jede Grabstätte entweiht.

Wir sind so verwundbar, dass schon der Gedanke, es zu sein, uns töten kann.

Frönt der Leidenschaft, die euch am besten gefällt, aber sie sollte vorübergehend sein, oder wenigstens nicht durchgehend.

Womit ist die Freiheit *nicht* unvereinbar?

Es gibt Tage, an denen ein wenig Schlaf, nur ein wenig Schlaf dich glücklich macht.

Einfallsreich zu sein und recht zu haben – siehe die Fälle Gibbon, Johnson, Voltaire und (nach Borges' Meinung) Wilde – wirkt meistens ungeheuerlich. Und es ist ungeheuerlich. Andererseits sind Ungeheuer faszinierend.

Auch der Schrecken hat seine Voyeurs.

Wozu eklektisch sein ohne Grund?

Liebe machen löst nichts, aber es hilft, die Zeit zu verbringen.

Es ist unser Schicksal als Schreibende, unlesbar zu werden, früher oder später. Oder jetzt gleich.

Ich weiß nicht, warum wir manchmal von jemandem – von wem auch immer – sagen, er habe »schlechte Absichten«. Er hat einfach seine Absichten. Das Problem der »guten Absichten« ist etwas anderes.

Zwischen Gut und Böse, die beide betrüblich sind, könnten wir doch nach Freude streben.

Nimm es anders auf: Die Tatsache, dass nichts über dich gesagt wird, ist oft bereits eine Lüge und manchmal ist es sogar eine Verleumdung.

Jede Nuance – einer Farbe, eines Klangs, eines Gedankens – verlangt nach einem eigenen Wort, doch die Wörterbücher sind nicht so großzügig.

Gelassenheit kann man auch durch Sturheit erlangen.

Anthropozentrismus: Vom menschlichen Blickwinkel aus ist der Mensch ziemlich schäbig.

Zweifelsohne hasst der Wolf das Schaf nicht, wenn er es auffrisst. Doch wie auch immer: Er frisst es auf.

Wenn du atmest, übernimmst du die Verantwortung, zu atmen.

Alles kann Gegenstand der Verehrung sein. Es gibt mehr Heilige als Kapellen.

Die alphabetische Ordnung ist nichts anderes als eine Variante der öffentlichen Ordnung.

Der Entomologe betrachtet seine Sammlung präparierter Schmetterlinge und rechtfertigt sich vor sich selbst: »Letztlich mussten sie so oder so sterben.«

Alle Gesellschaften erachten die Gleichgültigkeit als eine Art Sabotage.

Es braucht keine Frevel; es reichen einfache Entweihungen.

Das einzig ehrwürdige Ideal ist die Sättigung. Na gut: alle Sättigungen zusammengenommen.

Ein Übermaß an Toleranz würde jede Zivilisation zugrunde richten, und das ist den »Zivilisationen« äußerst bewusst.

Man macht von dir ein Foto, du schaust es an und denkst: »Ein Glück, dass es nur provisorisch ist! Wie unvorsichtig, mich abbilden zu lassen!«

Es ist in Ordnung, ein »Vaterland« zu haben: ob ein natürliches, ein gewähltes oder ein militärisches, jeder muss zusehen, wie er zurechtkommt. Aber das »Vaterländische«, die Patriotismen, ist das nicht eine Hypertrophie?

Neue Verblüfftheiten! Los! Los!

Wenn ein Flugzeug abstürzt, ein paar Autos zusammenprallen, es einen häuslichen Streit gibt und dabei Menschen zu Tode kommen, sprechen die Schlagzeilen der Zeitungen heutzutage von »Tragödien«. Falsch! »Und sie werden Tragödien genannt aus dem Grund, dass sie beweinenswerte Berichte der Grausamkeiten von Königen und großen Fürsten enthalten …«*. Antigone war Antigone, und Ödipus war Ödipus, und die Geister bei Shakespeare trugen Kronen. Der Wortschatz verfällt.

»Ich« zu sagen ist eine Redundanz.

Alt zu sein und zu lächeln ist weiter nichts als ein Verrat.

Es ist unverzeihlich, dass du du bist.

Seien wir bescheiden: Ob es morgen regnet oder die Sonne scheint – damit haben wir nichts zu tun.

Die Französische Revolution hat auf lange Sicht auch dazu gedient, den allgemeinen Wehrdienst einzuführen. De facto ist »dienen« hier das Thema.

---

\* Antoni de Vilaragut (1336–1400)

Es ist peinlich, groß zu sein, wenn die anderen von schüchterner Statur sind.

Gegen eine »vollendete Tatsache« gibt es keine andere Antwort als eine weitere »vollendete Tatsache«. Das heißt, eine »Provokation« provoziert weitere »Provokationen«. Und alles hängt davon ab, ob wir sie nutzen oder nicht.

Angepasste Lektüre von Jesaja 44,6: »Ich bin der Erste und der Letzte; außer mir gibt es nur mich.« Die guten Manieren sind zweitrangig.

Die Knie sind, wie die Ellbogen, entscheidend. Und dies mehr in der Politik als in der Leichtathletik. Auch in der Literatur.

Eines Tages wird die Welt untergehen und die Sache wird nicht die geringste Bedeutung haben.

Du sagst immer dieselben Dinge. Und das ist letztlich genau das, was man von dir erwartet.

Mit dem Feuer zu spielen ist aufregend, zweifelsohne. Jede Gefahr hat den Reiz der Überraschung.

Die Schildkröte ist nach wie vor ein philosophisches Tier. Beobachtet sie.

Die Natur erzeugt offenkundig keine Gärten. Gibt es irgendetwas Künstlicheres als einen Garten?

Da die Ärzte es nicht verordnen, wird von den Leuten nicht »gedacht«.

Zeugnisse sind »falsche Zeugnisse« von dem Augenblick an, in denen jemand sie für wahr hält.

Wenn du dich ablenken lässt, wirst du etwas anderes sagen.

Es ist sehr traurig, sich traurig fühlen zu müssen.

Je missverständlicher die Worte sind, desto leichter machen sie das Zusammenleben.

Manch einer denkt, dass unser Herrgott sich mit dem Modellieren von Adams Fingern besonders aufhielt, damit Mozart Jahrhunderte später Klavier spielen konnte.

Keiner sollte sich etwas vormachen: »Guten Tag« zu sagen heißt bereits Literatur zu produzieren.

Es gibt wohl viele Arten zu befehlen, nehme ich an. Es gibt aber nur eine Art zu gehorchen, und die ist erniedrigend. Wir können darüber nachdenken, während wir geduldig an einer Ampel warten.

»Ich habe recht«, »du hast recht«, »recht geben« … Wieviel Besitz!

## Weitere Jüngste Gerichte

**I**
[Veröffentlicht in *La Nostra Revista*, 61 (Mexiko, Juli 1951), S. 342–343.]

Wenn man den Glauben verloren hat, verbleibt man nicht in völliger religiöser Neutralität. Entweder spürt man Groll oder Sehnsucht. Manchmal eine Mischung aus beidem, das sind die verzweifelten Fälle.

Die Einsamkeit ist die einzige männliche Tugend. Ich meine: Die einzige, die die Frauen nicht ausüben können, und die einzige, die es verdient, vom Mann ausgeübt zu werden.

Wenn es auf dieser Welt etwas gibt, das aus sich heraus böse ist, dann ist das der Staat.

Eine Anpassung bestimmter kanonischer Sätze an den neuen Wortschatz ist dringend notwendig. Zum Beispiel wäre es angebracht zu sagen: Wer frei von Komplexen ist, der werfe den ersten Stein. Oder: Das sechste geistliche Werk der Barmherzigkeit: geduldig die Neurose des Nächsten ertragen.

Das Mittelalter konnte ungestraft demokratisch sein, weil es nicht liberal war. Unser Zeitalter wird, wenn Gott es nicht verhindert, als Folge der Demokratie aufhören, liberal zu sein. (Hinweis: Unter Liberalismus verstehe ich alles Mögliche außer die Mystik der Rechtlichkeit.)

Epigramm für das Abschlussfoto eines Studiengangs der Medizin oder der Theologie: Unbesiegbar bist du, o Tod, aber wir kennen dich, und dass ist unsere Stärke.

Es ist vielsagend: Ab dem Mittelalter wandern die Pilger nicht mehr ins Heilige Land, sondern nach Rom. Vielleicht aus Bequemlichkeit.

Unamuno – was für ein unsinnlicher Mensch! Nie hat er an der Musik Gefallen finden können, auch nicht am Meer und auch nicht an der Liturgie …

Vielleicht könnte das eine antitotalitäre Formel sein: mit der Opposition regieren. Aber an der Machbarkeit kommen Zweifel auf, wenn man bedenkt, dass noch eine Revolution ansteht.

Tolstoi: ein bedauerliches Beispiel von Moral ohne Religion, und zwar bis zu den letzten Konsequenzen getrieben, als da sind: Verleugnung, Unfruchtbarkeit, Traurigkeit.

Ich bin sicher, dass alle Antisemiten in ihrem tiefsten Innern deshalb welche sind, weil die Juden das Gefühl der Sünde erfunden und über die Welt ausgestreut haben.

Alle Laster sind Kinder des Müßiggangs, und die Philosophie ist davon nicht ausgeschlossen. Wenn ihr ein paar leere Stunden habt und sie irgendwie herumbringen wollt, ist es gut möglich, in ein Gespräch etwa wie das folgende verwickelt zu werden:
– Wo könnten wir hingehen?
– Ganz gleich. Wichtig ist, etwas zu finden, womit wir den Nachmittag verbringen.
– Achtung : Nicht du verbringst den Nachmittag. Er verbringt dich.
– Oder findet in dir statt (usw.)
Diese Art von Amateur-Metaphysik kann sich zu einer respektablen Theorie auswachsen oder zumindest in eine recht amüsante Nachahmung vom *Zauberberg*.

## II
[Veröffentlicht in *Pont Blau*, 3/4 (Mexiko, November/Dezember 1952), S. 19–20.]

Die Meinungen – oder sagen wir Gedanken – von Josep Pla sind fast immer trivial oder platt. Dagegen verfügt Pla über einen Sinnesapparat von außerordentlicher Gefräßigkeit. Ich schwanke, ob ich ihn als Schlemmer oder als Vielfraß bezeichnen soll. Was von beidem er auch sei – er ist es auf eine Art, die ganz und gar nicht häufig ist, in keiner Literatur. Das macht ihn besonders und rettet ihn.

Über den Impressionismus: Es ist schwer zu sagen, ob die Maler, vom Licht verlockt, sich der Landschaftsmalerei zuwandten oder ob sie im Gegenteil, der Landschaftsmalerei durch das Erbe der Romantik verpflichtet, keinen plastischen Wert von Bedeutung fanden als das Licht.

Ein weiteres heruntergekommenes Wort: »Fabel«. Gibt es irgendetwas Gewöhnlicheres – also weniger Fabelhaftes – als diese »tierischen Inszenierungen« des gesunden Menschenverstands?

Es hört sich wie ein dummer Spruch an, ist aber so: Die allererste Bedingung, um zynisch zu sein, ist, dass die anderen es nicht sind.

»Lieber Zöllner als Pharisäer!« rief einmal Herr Josep Maria de Sucre\* voll Inbrunst. Ich dachte bei mir: »Siehe da, was für ein subtiler Pharisäer-Vorsatz.«

Der Säugling, der zu denjenigen gehörte, die grundsätzlich »brav« sind, verhielt sich still, mit weit geöffneten Augen und geschlossenen Fäusten. Die Dame, die zu Besuch war, beobachtete dies seit einer guten Weile. Schließlich bemerkte sie philosophisch: »Die Armen Kinderlein! Es muss ihnen arg langweilig sein.«

Die guten Dichter sind immer unvergleichlich. Unter sich nicht vergleichbar, wohlgemerkt.

Die Geometrie ist in Bildern immer da gewesen. Sie ist eine Art Skelett: ein Endoskelett (in der klassischen Kunst, zum Beispiel) oder ein Exoskelett (im Kubismus oder der abstrakten Kunst als weiteren Beispielen). In allen diesen Fällen ist sie ein Knochen – ein Knochen, den wir automatisch entfernen, wenn wir uns daran machen, das Gemälde zu »vertilgen«.

Requiem für André Gide: Hier ist ein Todesfall, angesichts dessen nur das Schweigen möglich ist, ein dichtes, unnachgiebiges Schweigen. Kein Gebet, keine Elegie, kein literarisches Fazit. Es ist ein einfacher, ruhiger Tod gewesen. Man könnte sogar sagen, es war ein gottergebener Tod, aber das ist hier ein allzu christliches Wort. André Gide ist so gestorben, wie er gelebt hat: ehrlich. Im letzten, schwierigen Abschnitt hat er sich auch nicht von den übergroßen Gespenstern besiegen lassen, die er immer bekämpft hat. Sein Alter wurde auf schöne Weise unverletzbar. Und Gott, der keine halben Sachen kennt, wird den Namen dieses großen, ebenso religiösen wie beharrlichen Geistes in sein hohes Gedenken aufgenommen haben. Denn Gide war vor allen Dingen ein unermüdlicher Sucher von Wahrheiten. Vielleicht hat er eine einzige gefunden: seine eigene. (Und ist es denn überhaupt möglich eine andere Wahrheit zu finden als die unsere, jeder die seine, unmissverständlich und unverhandelbar?) Gide fand seine Wahrheit und bemühte sich, sie zu leben, treu in ihr zu leben. Und zumindest gelang es ihm, sie zum Ausdruck zu bringen. »Jeder Mensch, der sich nicht ausdrückt, ist unnütz und schlecht«, schrieb er. Gide drückte sich aus: mit Klarheit und Mut. Das ist seine beste Lehre – gewissermaßen seine einzige Lehre. Um sie nachzulesen, habe ich eines seiner Bücher auf gut Glück aufgeschlagen. Jetzt ist der Augenblick, Gide wieder zu lesen, als

---

\* Josep Maria de Sucre (1886–1969), katalanischer Maler

respektvolle und nachdrückliche Hommage. So hätte er es gewollt. Und auch der Pfarrer, der die Trauerfeier in Cuverville abhielt, fand es angebrachter, statt der Responsorien einige Passagen aus *Numquid et tu* zu lesen … (Februar 1951)

Joanot Martorell war der Schwager von Ausiàs March.* In diesem Fall kann man sagen, dass die Nähe rein rechtlich war.

Städtebau: Die Kunst, die Helme von Verkehrspolizisten weiß anzumalen.

Mir sind die Menschen sympathisch, die – wie etwa Bloy** oder Maurras*** – in der Lage waren, sich so viele, so unterschiedliche und so umfassende Feindschaften zuzuziehen.

## III
[Veröffentlicht in *Pont Blau*, 26 (Mexiko, Dezember 1954), S. 420–421.]

Ors sagte über Maragall (und er sagte es mit einem tadelnden Unterton), dass dieser ein Dichter der Interjektionen sei. Der Begriff scheint mir zutreffend, aber nicht die Wertung. Ich glaube, dass ein Dichter in dem Maße Dichter ist, als es ihm gelingt, aus jedem Wort ein Ausrufewort/Interjektion zu machen. Indem er die Sprache »interjektioniert«, rettet er sie vor dem Tod und vor der Didaktik.

»Balzac des Alltags« nannte es Le Corbusier: Es gibt Leute, die in den Zeitungen nichts lesen als die Rubrik mit Meldungen über Unglücksfälle und Verbrechen. Schlimmer als diese sind vielleicht diejenigen, die diese Rubrik überhaupt nicht lesen. Die Erstgenannten gefallen sich in der reinen Neugier, die anderen bestehen auf das Unwissen. Beiden aber entgeht der dauerhaftere, lehrreichere und traurigere Schmerz, der dem Leben eigen ist. Und vor allem vergessen sie, dass auch sie der Gefahr ausgesetzt sind, die Hauptfiguren einer dieser kleinen Meldungen zu werden …

---

\*   Joanot Martorell (1410–1465), Autor des Romans *Tirant lo Blanc*, und Ausiàs March (1400–1459) sind die zwei großen Klassiker der katalanischsprachigen Literatur des späten Mittelalters.
\*\*  Léon Marie Bloy (1846–1917), französischer Schriftsteller und katholischer Sprachphilosoph
\*\*\* Charles Maurras (1868–1952 in Tours), französischer Schriftsteller und Publizist

Julien Benda* war (ja, in der Vergangenheitsform: war) nicht nur ein literarisches Erzfossil, sondern auch genau das Gegenteil von dem, was er vorgab zu sein, also bürgerlich, nationalistisch und politisch. Dreifacher *Verräter*. Was für ein Schreiberling, Mann!

Über die Ausnahmestellung des Schriftstellers: Unbestritten ist der Mensch ein »ungefiederter Zweifüßler«. Aber der Schriftsteller hat immerhin eine Feder, auch wenn sie nur metaphorisch sein mag. Dadurch entsteht eine gewisse Verwandtheit mit den Ureinwohnern Amerikas und den Pfauen.

Ich wüsste nicht, wie es zu deuten ist: Tatsache ist aber, dass vor 20 oder 25 Jahren nur noch die Surrealisten Ramon Llull zitierten und seine Lektüre empfahlen. Später nicht einmal mehr die Surrealisten.

Mit etwas Geschick und ein wenig Wurstigkeit kann man für alles eine Rechtfertigung finden. Warum sich also die Mühe machen, überhaupt etwas zu rechtfertigen? Trotzdem rechtfertigen wir uns das ganze Leben lang. Und siehe: Jetzt tue ich es gerade selber, indem ich dieses hier schreibe …

## IV
[Veröffentlicht in *Pont Blau*, 40 (Mexiko, Februar 1956), S. 54–55.]

Leonardo sagte, dass die Malerei die »Nichte der Natur« sei. Ich will nicht behaupten, dass sie es zu seiner Zeit nicht war. Heute scheint die Beziehung zwischen beiden eher die von Schwiegermutter und Schwiegertochter zu sein.

Nach der Romantik bekommen die westlichen Literaturen nach und nach – neben Farbe und Geschmack – auch lokalen Geruch :
  Die französische nach Pariser oder Provinz-Schlafgemach mit Ehebruchgeräuschen.
  Die spanische nach Eintopf, und zwar nach Eintopf für Arme.
  Die deutsche nach Mittelstands- oder studentischer Bierstube, je nach dem.
  Die russische nach dem Schweiß von Schwindsüchtigen.
  Die italienische nach *camerino*.
  Die englische nach Teegesellschaft unfruchtbarer Damen.
  Die katalanische natürlich nach Ladengeschäft, nach kleinem Tante-Emma-Laden.
  Dies alles passt zu den feststehenden Klischees. Das ist halt so. Ich versichere dir, lieber Leser, dass ich daran nicht schuld bin.

* Julien Benda (*1867–1956), französischer Philosoph und Schriftsteller

Wenn eine bestimmte Politik Opfer verlangt – »menschliche Opfer« oder andere –, dann fängt sie bereits an, sich auf bedauerliche Art mit der Religion zu vermengen.

Das finde ich ganz hervorragend: die Ausbeutung des Menschen durch den Menschen zu beenden. Aber wer wird dann der Ausbeuter sein?

## V
[Veröffentlicht in *Cap d'Any de Raixa*, Palma de Mallorca, 1956]

Nein, darüber braucht ihr euch keine Sorgen zu machen: Das, was ihr gerade geschrieben habt, ist in der Tat dem sehr ähnlich, was bereits ein anderer Herr geschrieben hatte. Es würde mich gar nicht wundern, wenn die Ähnlichkeit fast wörtlich wäre. Aber, ich wiederhole das, betrachtet eure »Originalität« deshalb nicht als in Frage gestellt. Eine solche Ähnlichkeit ist immer ein zufälliges Zusammentreffen. Und bedenkt, dass zwei Menschen nur an einem Ort – oder in einem Gedanken – zusammentreffen können, wenn sie von unterschiedlichen Punkten herkommen. Die »Originalität« gründet letztendlich auf der Herkunft.

Trotzdem spielt auch der Plagiator eine eigene Rolle. Natürlich nur, wenn er bei dem, was er plagiiert, eine gute Wahl trifft.

*Flere cum flentibus et gaudere cum gaudentibus.*\* Sor Isabel de Villena\*\* übersetzte das so: »Weinen mit denen, die weinen, und sich freuen mit denen, die sich tugendhaft freuen.« Bemerkenswert am überschwänglichen Standpunkt der Äbtissin ist: I) dass es offenbar auch nicht-tugendhafte Freuden gibt; II) dass hingegen das Weinen – der Schmerz, nehme ich an – immer tugendhaft ist.

Jener Vers von Dante:\*\*\* Klar! Wir können uns des Glücks (des Glücklich-Gewesen-Seins) nur im Augenblick des Elends bewusst werden. Der Mensch, der sich als glücklich wahrnähme, würde schon anfangen, es nicht zu sein, ja, er wäre es nicht mehr.

---

\*   Weinen mit denen, die weinen, und sich freuen mit denen, die sich freuen
\*\*  Isabel de Villena (1430–1490) war eine katalanischsprachige Schriftstellerin und Geistliche
\*\*\* »Nessun maggior dolore / che ricordarsi del tempo felice / ne la miseria« (*Divina Commedia*, Hölle, 5. Gesang): Kein größerer Schmerz als sich im Elend an die glückliche Zeit zu erinnern.

Spricht man vom Privatbesitz, wird es gerne als Einrichtung des Naturrechts bezeichnet. Wobei die Besitzer es in dem Sinne auslegen, dass es das Grundbuch ist, was im Naturrecht verankert ist.

*Il n'y a qu'une tristesse, c'est de n'être pas de Saints.*\* Es muss dann wohl doch zwei geben. Denn man müsste auch die Trauer der Heiligen berücksichtigen beim Anblick derjenigen, die keine sind.

Adam: Ich kann mir das Lachen im Zustand der Unschuld nicht vorstellen. Wenn es nicht eine Reaktion aufs Kitzeln ist, setzt das Lachen immer Boshaftigkeit voraus.

Die Philosophen machen sich auf die Suche nach der Wahrheit. Das beteuern sie zumindest. Aber unweigerlich geht es ihnen wie Kolumbus, der, wie man erzählt, nach Indien aufbrach und über Amerika stolperte. Es ist nun einmal das Schicksal der Philosophen, lauter Amerikas zu entdecken: leuchtende, vielleicht sehr reiche Gebiete. Und das ist durchaus ein Glück, wenn man's richtig betrachtet. Vor allem wenn wir bedenken, dass es sich bei dem ersehnten Indien mit Sicherheit nur um einen ungewissen mythologischen Hinweis handelt.

Die Kunst, so sagte Monsieur Gide, »beginnt dort, wo es nicht genug ist, nur zu leben, um das Leben auszudrücken«, also dort, wo es einen Überfluss an Leben gibt. Gewiss: viel Kunst kommt zweifellos aus Überschuss-Energien. Aber es gibt auch Kunst, die entsteht, um einen Mangel auszugleichen, ein Lebensdefizit. Vielleicht ist diese Art von Kunst sogar häufiger als die andere. Natürlich hängt es davon ab, was wir unter »Leben« verstehen.

Wichtiger als das Sprechen ist beim Dialog das Zuhören, was der andere sagt.

Es gibt kein Urteil ohne Vorurteil. Es ist aber notwendig, dass das allererste Vorurteil die Zulässigkeit der fremden Vorurteile ist. Das ist unmöglich, ich weiß, und wir müssen es bedauern. Es ist eine der schlimmsten Folgen der Ursünde.

Ästhetisch gesehen hatten die nach der Natur malenden Künstler in weiten Teilen recht. Nur dass sie prinzipiell darin irrten, was unter Natur zu verstehen sei. »Moi, je suis aussi nature«\*\*, sagte Braque.

---

\* Es gibt nur eine Trauer, und das ist die, kein Heiliger zu sein.
\*\* Ich selbst bin auch Natur.

## VI
[Veröffentlicht in *El Pont*, 8]

Chopin: *O felix culpa!*\*

Ein falscher Instinkt führt uns zu dem Glauben, dass der Irrtum – dieses schreckliche Ding, das wir Irrtum nennen – in jeglicher Art des Denkens besteht, die nicht unsere eigene ist. Dies ist der Grund, weshalb die Toleranz den meisten als so schwierig und zugleich gefährlich erscheint.

Wir dürfen den Anteil an Karikatur nicht übersehen, den das Werk der zeitgenössischen Maler enthält. An tragischer Karikatur, genau genommen. Durch sie hinterlässt die heutige Kunst immer einen bitteren Nachgeschmack – beispiellos in der abendländischen Geschichte mit Ausnahme, vielleicht, des beängstigenden Wunderwerks von Hieronymus Bosch.

Ich bin sicher, dass die große Mehrheit aller Literaten, die es je gegeben hat, seit die Literatur erfunden wurde – um nicht zu sagen alle – sich weder den Himmel noch die Hölle erschreiben konnten und deshalb im Limbus landen werden. (Oder hatten sie ihn vielleicht nie verlassen?)

---

\*  O glückliche Schuld

## CATALAN STUDIES
## IN CULTURE AND LINGUISTICS
Edited by Antonio Cortijo Ocaña

Vol. 1    Antonio Cortijo Ocaña / Jordi M. Antolí Martínez (eds.): Approaches to New Trends in Research on Catalan Studies. Linguistics, Literature, Education and Cultural Studies. 2021.

Vol. 2    Marco Antonio Coronel Ramos (ed.): Mito y realidad: investigaciones sobre el pensamiento dual en el mundo occidental. 2022.

Vol. 3    Judit Freixa / M. Isabel Guardiola / Josep Martines / M. Amor Montané (eds.): Dictionarization of Catalan Neologisms. 2022.

Vol. 4    Adolf Piquer / Adéla Koťátková (eds.): Character and Gender in Contemporary Catalan Literature. 2022.

Vol. 5    Alejandro Llinares Planells / Guillermo López Juan (eds.): Rethinking Violence in Valencia and Catalonia. 2024.

Vol. 6    Joan de Déu Martines Llinares: Lèxic i Natura en les narracions d'Enric Valor. 2024.

Vol. 7    Ramón Ruiz Guardiola: HOTEL PARIS Vicent Andrés Estellés. Edition, Foreword and Translation by Dominic Keown. 2024.

Vol. 8    Joan Fuster: Aphorismen. Aus dem Katalanischen von Àxel Sanjosé. Mit einer Einführung von Vicent Salvador. 2025.

www.peterlang.com

www.ingramcontent.com/pod-product-compliance
Ingram Content Group UK Ltd.
Pitfield, Milton Keynes, MK11 3LW, UK
UKHW021823140426
5217IPUK00004B/64